Confúcio, com amor

CB007046

Confúcio, com amor
Sabedoria milenar para o mundo atual

Yu Dan

Traduzido do chinês para o inglês
por Esther Tyldesley

Traduzido do inglês para o português
por Fátima Santos

CIP-BRASIL. CATALOGAÇÃO-NA-FONTE
SINDICATO NACIONAL DOS EDITORES DE LIVROS, RJ.

Y82c

Yu, Dan, 1965-
    Confúcio, com amor / Yu Dan; tradução: Fátima Santos.
    — Rio de Janeiro: Best*Seller*, 2010.

    Tradução de: Confucius from the heart
    ISBN 978-85-7684-305-4

    1. Confúcio. 2. Filosofia confucionista. 3. Conduta. I. Título

10-2787

CDD: 181.112
CDU: 1(315)

Texto revisado segundo o novo Acordo Ortográfico da Língua Portuguesa

Título original norte-americano
CONFUCIUS FROM THE HEART
Copyright © 2006 BY Zhonghua Book Company, all rights reserved.
Copyright da tradução © 2010 by Editora Best Seller Ltda.

Capa: Sense Design
Imagem da capa: Kaligraf/Istockphoto
Editoração eletrônica: FA Editoração

Todos os direitos reservados. Proibida a reprodução,
no todo ou em parte, sem autorização prévia por escrito da editora,
sejam quais forem os meios empregados.

Direitos exclusivos de publicação em língua portuguesa para o Brasil
adquiridos pela
EDITORA BEST SELLER LTDA.
Rua Argentina, 171, São Cristóvão
Rio de Janeiro, RJ — 20921-380
que se reserva a propriedade literária desta tradução.

Impresso no Brasil

ISBN 978-85-7684-305-4

Seja um leitor preferencial Record.
Cadastre-se e receba informações sobre nossos lançamentos
e nossas promoções

Atendimento e venda direta ao leitor
mdireto@record.com.br ou (21) 2585-2002

Sumário

Prefácio — Por que Confúcio?

Há mais de 2.500 anos, os alunos do pensador e filósofo Confúcio registraram os fragmentos da vida e dos ensinamentos dele que puderam encontrar. Essas anotações, baseadas, em sua maior parte, em registros de sala de aula, foram compiladas e editadas e, mais tarde, se tornaram o que conhecemos como *Os analectos*. "Analectos" significa simplesmente uma coleção de escritos.

Há pouco mais de 2 mil anos, Wu, o grande imperador da dinastia Han, rejeitou cem outras escolas filosóficas em favor da de Confúcio, transformando efetivamente a China em um Estado confuciano.

Há mil anos, o primeiro homem que ocupou a função de primeiro-ministro da dinastia Song, Zhao Pu, gabou-se de que poderia governar o mundo conhecido com apenas metade do livro *Os analectos*. Com isso, podemos ver o papel importantíssimo que Confúcio desempenhou na vida política e social da Antiguidade, e a alta conta em que seus ensinamentos reunidos eram mantidos pelos antigos.

Mas que significado prático eles têm para nossa sociedade e nossa vida hoje?

Quando entreguei os manuscritos de meu livro aos cuidados da Zhonghua Book Company, na China, no final de 2006, fiquei contente, mas também um pouco preocupada. Comecei o mestrado em literatura da dinastia pré-Qin aos 21 anos e cresci imersa em livros da Zhonghua Book Company, mas nunca ousei sonhar que um dia essa editora de primeira linha pudesse lançar um livro meu, muito menos cogitei que algum dia falaria sobre *Os analectos* na televisão.

Sempre respeitei esse livro, em vez de temê-lo, e meus sentimentos com relação a ele sempre foram sinceros, simples e entusiasmados.

Certa vez, em uma pequena cidade no norte da China, famosa por suas fontes de águas quentes, vi algo chamado "fonte das perguntas sobre doenças". Diz-se que todos os que tomarem banho em suas águas compreenderão imediatamente a origem de suas doenças: as pessoas com artrite sentirão um formigamento nas juntas; aquelas com problemas gastrointestinais terão uma sensação quente na barriga, enquanto as pessoas com problemas de pele sentirão um rubor agradável, como se uma camada estivesse sendo removida, como a pele descartada de uma cigarra.

Para mim, a sabedoria de Confúcio é simplesmente essa fonte de águas quentes e vivas.

Com meu conhecimento limitado, mesmo que verdadeiramente desejasse escrever uma análise profunda de Confúcio, jamais ousaria fazê-lo. Seria como fazer uma análise química dessa fonte de águas quentes, quando não tenho a mínima condição de fazê-lo. O único papel possível para mim é o de alguém que esteve imersa na fonte, testando-a com meu corpo e sangue, como milhares e milhares de pessoas que pelos últimos duzentos e tantos anos banharam-se nessa fonte quente e experimentaram suas dádivas.

As pessoas boas verão bondade nela; e os sábios, sabedoria. Talvez o valor desse texto clássico não esteja em rituais e reverências, os quais inspiram respeito e medo, mas em sua abrangência e fluidez, a sabedoria na qual tantas pessoas imergiram ao longo dos tempos, para que cada vida e cada indivíduo, embora o percebessem de forma distinta e seguissem caminhos diferentes, pudessem chegar ao mesmo objetivo. Na China, dizemos que "a verdade nunca esteve distante das pessoas comuns" e, nesse caso, esse ditado certamente é verdadeiro.

Parece-me que os sábios nunca usaram citações clássicas obscuras para intimidar as pessoas, nem carregaram seus escritos com frases pomposas e palavras difíceis para excluí-las. Confúcio disse: "Estou pensando em desistir de falar." Zigong disse apressadamente: "Se o senhor não falasse, o que haveria para nós, seus discípulos, transmitirmos?" Confúcio disse, calmamente e sem rodeios: "O que fala o céu? No entanto, quatro estações se sucedem e centenas de criaturas continuam a nascer. O que fala o céu?"

As verdades simples deste mundo podem entrar no coração das pessoas porque nunca disseram respeito à doutrinação, mas, ao contrário, são um chamado interno para despertar cada coração e cada alma.

Essas verdades simples sobreviveram ao longo de milênios porque ajudaram gerações de chineses a ficarem centrados, a compreenderem a nação e a cultura que os formaram e a não perderem a cabeça, até mesmo quando confrontados por mudanças sociais imensas e uma variedade de escolhas quase desnorteante.

Aqueles que se beneficiam da sabedoria de Confúcio podem experimentar um esclarecimento capaz de parar o coração por um momento, durante o qual a compreensão repentinamente flui; ou podem também se dedicar a uma vida inteira de estudos intermináveis para alcançar a compreensão.

Preciso agradecer muito ao programa de televisão *Lecture Room* [*Sala de aula*], por me estimular a abordar Confúcio a partir desse ângulo de *xinde* — uma compreensão que vem tanto do coração quanto da cabeça. Mil corações compreenderão mil coisas diferentes na obra dele; dez mil compreenderão dez mil outras; e a minha não é mais do que a compreensão de um coração entre muitos. Quando lemos a obra ao longo de nossa vida hoje e tudo de repente se torna claro, Confúcio deve estar sorrindo para nós, em silêncio, pelos séculos.

A presunção do primeiro-ministro da dinastia Song, Zhao Pu, é um reconhecimento respeitoso de Confúcio como a fonte da cultura e do pensamento tradicional chinês. No entanto, eu preferiria dizer: "Com metade do livro *Os analectos*, posso me aprimorar." Todo mundo deveria vê-lo como uma "fonte das perguntas sobre doenças" afetuosa e gentil.

Então, o que podemos aprender com Confúcio hoje não são os "conhecimentos confucianos" estabelecidos pelo imperador Wu; não é a solene "religião confuciana" digna e ritualizada que se mantém ao lado do taoísmo e do budismo na China; nem é o confucionismo dos eruditos, repletos de argumentações profundas e delimitadas pela pesquisa textual.

O que extraímos de *Os analectos* de Confúcio são as verdades simples que todas as pessoas conhecem com o coração, embora talvez não as deixem sair pela boca.

Em minha opinião, a sabedoria de Confúcio não queima as mãos, nem é tão fria que as congele. A temperatura é apenas ligeiramente superior ao calor corporal, pois é uma constante que permanecerá inalterada por todos os tempos.

Meia-noite, 16 de novembro de 2006

Parte um

O caminho
do céu e da terra

Você não deve pensar que a sabedoria de Confúcio é algo imponente e fora de alcance, ou alguma coisa da qual as pessoas hoje só possam aproximar-se com reverência.

As verdades deste mundo são para sempre básicas e simples, da mesma forma que o sol nasce todos os dias no Oriente, a primavera é o tempo de semear e o outono é o tempo de colher.

As verdades que Confúcio nos oferece são sempre as mais simples.

Elas nos dizem como viver o tipo de vida feliz de que nosso espírito necessita.

A sabedoria de Confúcio pode nos ajudar a obter felicidade espiritual no mundo moderno, a nos acostumarmos à rotina diária da vida e a encontrar as atitudes pessoais que nos situem.

Às vezes, podemos achar que o que lemos carece de uma lógica rigorosa. Muitos dos ditados concentram-se em uma única questão: há poucos trechos longos e quase tudo que encontramos é simples e breve.

Veremos como essa ausência de palavras também é um tipo de ensinamento.

Confúcio disse: "O que fala o céu? No entanto, quatro estações se sucedem e centenas de criaturas continuam a nascer. O que fala o céu?" (*Os analectos*, XVII). Ele disse: Veja o céu que está acima de nós, solene e calmo, sem falar uma única palavra, embora as quatro estações se sucedam repetidas vezes, e toda a natureza aumente e se multiplique em torno de nós. O céu precisa falar também?

O que encontraremos em Confúcio é uma forma de pensar básica, simples e afetuosa. É exatamente com essa atitude que ele influenciava seus alunos.

Confúcio ministrou aulas para três mil estudantes, 72 dos quais eram homens de sabedoria e virtude excepcionais. Cada um deles foi uma semente, e cada um, por sua vez, espalhou para todos os lugares a semente dessa sabedoria e dessa visão de vida.

Essa é a razão pela qual, na China, chamamos Confúcio de sábio. Os sábios são, no seu tempo, nesta terra, as pessoas mais práticas e capazes, além de possuírem o magnetismo pessoal mais intenso. Eles nos convencem e nos apresentam um tipo de fé. Esses homens podem ser apenas produto da natureza, emergindo de dentro de nossa vida, não caindo do céu.

Essa sensação de crescimento natural e equilibrado pode ser encontrada no mito da criação da China, o qual fala de Pan Gu, que separou o céu e a terra. Essa separação não foi uma mudança repentina, como ocorre nos mitos ocidentais da criação, onde se esperaria que Pan Gu pegasse um grande machado e os separasse com um golpe, causando o surgimento de uma luz dourada que porventura brilhasse em todas as direções; os céus, a terra e tudo neles apareceriam repentinamente. Esse não é o estilo chinês.

O tipo de história com o qual o povo chinês está acostumado é parecido com aquele descrito em *San Wu Li Ji*, uma história chinesa muito antiga, que inclui lendas de como o mundo foi feito. Nela, descobrimos que essa criação foi um processo muito prolongado: calmo, tranquilo e cheio de expectativa:

Céu e terra ficaram misturados em um ovo cósmico durante 18 mil anos, e Pan Gu vivia no meio dele. O céu e a terra se separaram. A essência pura de Yang tornou-se o céu e a essência pesada de Yin tornou-se a terra. Pan Gu estava entre eles, nove mudanças em um dia, um deus no céu e um sábio na terra. Todos os dias o céu subia 3 metros, a Terra se tornava 3 metros mais grossa e Pan Gu se tornava 3 metros mais alto. Quando ele alcançou 18 mil anos de idade, o céu era infinitamente alto, a Terra era infinitamente funda e Pan Gu era infinitamente alto.

Mais tarde, o céu e a terra se separaram, não da forma que um corpo sólido se separa em dois com um estalo, mas, ao contrário, como uma separação gradual de duas essências; a essência pura e leve *yang* se elevou e se tornou o céu, enquanto a essência pesada *yin* afundou e se tornou a terra.

Mas isso não foi o fim da separação do céu e da terra. O processo apenas começara.

Observe como o povo chinês presta muita atenção às mudanças. Olhe para Pan Gu, que, no meio do céu e da terra, passou por "nove mudanças em um dia": exatamente como um bebê recém-nascido; mudanças sutis e infimamente pequenas aconteciam diariamente.

Há um estágio nas mudanças que o texto chama "um deus no céu, um sábio na terra", quando Pan Gu se tornou um ser sábio e poderoso em ambos os domínios.

Para os chineses, a ideia de ter autoridade sobre ambos os domínios é uma forma ideal de ser, à qual todos nós devemos aspirar: um céu no qual o idealismo pode abrir suas asas e voar livremente sem necessidade de se ajustar a todas as regras ou obstáculos do mundo real, e a capacidade de manter nossos pés firmemente plantados no chão, de modo a podermos construir nosso caminho no mundo real.

As pessoas que apenas têm ambição e nenhum realismo são sonhadoras, não idealistas; aquelas que têm apenas terra e nenhum céu são perseverantes, não realistas.

O idealismo e o realismo são nosso céu e nossa terra.

Porém, as mudanças de Pan Gu ainda estão acontecendo e nossa história continua.

Após o céu e a terra terem se separado, todos os dias o céu subia 3 metros, a terra ganhava 3 metros em espessura e Pan Gu crescia 3 metros, juntamente com o céu.

Dessa forma, outros 18 mil anos se passaram, até que, por fim, "o céu ficou infinitamente alto; a terra, infinitamente funda; e Pan Gu, infinitamente alto".

Em outras palavras, a humanidade é igual ao céu e à terra: o céu, a terra e as pessoas são conhecidos como os Três Domínios — as três coisas igualmente grandes e importantes de que o mundo é feito.

Confúcio observou o mundo desta forma: os seres humanos merecem respeito, e as pessoas devem se respeitar.

Ao ler *Os analectos*, descobrimos que raramente ele se mostrava severo ou firme com seus alunos. Em geral, conversava com eles de forma descontraída e fácil, dando-lhes dicas e pistas para que pudessem encontrar soluções por si mesmos. Todos nós já vimos professores repreenderem seus alunos, instruindo-lhes a não fazer isso ou aquilo. É exatamente o que acontece quando um professor não é tudo que deveria ser. Um professor verdadeiramente excepcional será como Confúcio: trocará ideias pacificamente com os alunos, chegando juntos ao cerne de como fazer esses Três Domínios de céu, terra e humanidade prosperarem e florescerem juntos.

Esse espírito descontraído, tranquilo e confiante, e essa atitude modesta e respeitosa são algo que todos nós deveríamos almejar. *Os analectos* são a materialização desse ideal.

Nosso objetivo maior é deixar os princípios mais importantes de Confúcio entrarem em nosso coração, unindo o céu, a terra e a humanidade em um todo perfeito, e dando-nos a força infinita.

Na China contemporânea, frequentemente dizemos que, para uma nação sobreviver e prosperar, o céu deve sorrir sobre ela, a terra lhe deve ser favorável e seu povo deve estar em paz. É para esse equilíbrio harmonioso que Confúcio pode nos conduzir hoje.

Disso, podemos obter grande força, uma força que fluiu do coração espiritual de Confúcio. É essa força que Mêncio, outro importante filósofo da China, que veio depois de Confúcio e desenvolveu suas ideias, descreveu como "o espírito nobre".

Apenas quando a essência do céu, da terra e de tudo entre eles combinar no coração de uma pessoa é que ela conseguirá ser tão poderosa quanto essa força.

O que queremos dizer por céu e humanidade se tornando um? Humanidade e o mundo natural em perfeita harmonia.

Estamos trabalhando com afinco para criar uma sociedade harmoniosa, mas o que é a harmonia verdadeira? É mais do que apenas harmonia em um pequeno condomínio de casas, e é também mais do que relações meramente cordiais entre as pessoas. Deve incluir o mundo natural inteiro, vivendo e crescendo juntos de forma harmoniosa e feliz sobre a face da terra. As pessoas devem sentir admiração pelo mundo natural e disposição para seguir seu ritmo.

Isso é um tipo de força. Se aprendermos como moderá-la e como recorrer a ela, então seremos capazes de alcançar uma amplitude mental como a de Confúcio.

A atitude de Confúcio foi extremamente plácida, embora seu coração espiritual fosse muito sério. A razão para isso era a força profunda que tinha dentro de si, enraizada no poder de suas convicções.

Uma vez, seu aluno Zigong perguntou-lhe que condições eram necessárias para que um país ficasse em paz, com um governo estável. A resposta de Confúcio foi muito simples. Havia apenas três: armas suficientes, comida suficiente e a confiança das pessoas.

Primeiro, o aparelhamento interno do Estado deve ser poderoso e precisa ter poder militar suficiente para se proteger.

Segundo, precisa ter provisões suficientes, para que seu povo possa ser bem-alimentado e vestido.

Terceiro, as pessoas precisam ter fé na nação.

Esse aluno sempre fazia perguntas difíceis. Ele disse que três condições eram demais: diga-me, se tiver de passar sem uma, qual delas removeria primeiro?

Confúcio disse: "Abra mão das armas." Portanto, passaríamos sem a proteção militar.

Zigong voltou a perguntar: se tivesse de se livrar de outra, qual seria?

Confúcio, com toda a seriedade, respondeu: "Abro mão da comida." Estamos dispostos a não comer.

Ele continuou: "A morte sempre esteve conosco desde o início dos tempos, mas, quando não há confiança, as pessoas não poderão contar com nada."

Ficar sem comida certamente levará à morte, mas desde os tempos antigos até hoje alguém já enganou a morte? Logo, a morte não é o pior que pode acontecer. O pior de tudo é o colapso e a ruína que se seguem quando os cidadãos de um país desistem de sua nação.

No nível material, uma vida feliz não é nada mais que uma série de objetivos a serem alcançados; mas a paz e a estabilidade verdadeiras vêm de dentro, de uma aceitação daqueles que nos governam, e isso vem com a fé.

Essa é a concepção de governo de Confúcio. Ele acreditava que o poder da fé por si só era suficiente para manter uma nação unida.

Em pleno século XXI, dizemos que não é mais suficiente usar a medida simplista do PIB (Produto Interno Bruto) para avaliar a qualidade de vida das pessoas em diferentes países. Deve-se analisar também a FNB: Felicidade Nacional Bruta.

Em outras palavras, para avaliar se um país é verdadeiramente rico e poderoso, não se deve analisar apenas a velocidade e a escala de seu crescimento econômico; e sim os sentimentos no coração de cada cidadão comum — Eu me sinto seguro? Sou feliz? Identifico-me verdadeiramente com a vida que levo?

No final da década de 1980, a China participou de uma pesquisa internacional, a qual mostrou que, naquela época, a felicidade dos cidadãos chineses era apenas em torno de 64 por cento.

Em 1991, o país voltou a participar da pesquisa. O índice de felicidade aumentara, atingindo aproximadamente 73 por cento, consequência de melhora no padrão de vida, como também de todas as reformas realizadas na época.

Porém, quando a China participou pela terceira vez, em 1996, o índice de felicidade caíra para 68 por cento.

Trata-se de um resultado muito surpreendente, pois mostra que, mesmo quando uma sociedade está prosperando material e culturalmente, o povo que desfruta de seus resultados pode experimentar um tipo extremamente complexo de perplexidade espiritual.

Viajemos de volta no tempo, 2.500 anos, para ver como eram os sábios e homens eruditos nessa época menos próspera.

Confúcio gostava muito de um estudante chamado Yan Hui. Em uma ocasião, ele o elogiou: "Como Hui é admirável! Morar em um pequeno casebre com uma tigela de arroz e uma concha de água por dia é uma provação que a maioria dos homens consideraria intolerável, mas Hui não permite que isso atrapalhe sua alegria. Como Hui é admirável!" (*Os analectos*, VI).

A família de Yan Hui era muito pobre. Eles nunca tinham o suficiente para comer ou comprar roupas novas e viviam em uma ruela sombria e em ruínas. Para a maioria das pessoas, uma vida tão dura como essa seria simplesmente insuportável, mas Yan Hui conseguia encontrar a felicidade com o que tinha.

É possível que algumas pessoas dissessem: "A vida é assim mesmo, todos nós temos de viver, ricos ou pobres, o que se pode fazer com relação a isso?"

O que é verdadeiramente admirável sobre Yan Hui não é sua capacidade de suportar condições de vida tão difíceis, mas sua atitude com relação à vida. Quando todos suspiravam amargamente e se queixavam das dificuldades da vida, o otimismo de Yan Hui nunca enfraquecia.

Vemos que apenas os verdadeiramente esclarecidos podem evitar o apego aos bens materiais da vida e manter uma atitude mental tranquila do início ao fim, indiferente à fama ou ao ganho pessoal.

Certamente, ninguém deseja ter uma vida difícil, mas também não podemos resolver nossos problemas espirituais pela dependência em acumular cada vez mais bens.

Na China moderna, a vida melhora visivelmente em termos materiais; no entanto, há um grande número de pessoas cada vez mais insatisfeitas. Por termos uma classe muito visível de pessoas que ficaram muito ricas em um curto espaço de tempo, há sempre algo que faz as pessoas comuns sentirem que sua vida é injusta.

Na prática, nosso foco pode funcionar de duas formas: uma é o olhar para fora, infinitamente amplo, que expande nosso mundo; outra é o olhar para dentro, aprofundando-nos infinitamente para explorar o coração espiritual.

Sempre passamos tempo demais analisando o mundo externo, e pouco tempo analisando nossos corações e almas.

Confúcio pode nos ensinar o segredo da felicidade, que consiste em encontrar a paz dentro de nós.

Certa vez, um aluno, Zigong, perguntou a Confúcio: "'Pobre, sem ser servil; rico, sem ser arrogante.' O que o senhor pensa desse provérbio?" Imagine alguém que é muito pobre, mas não se humilha perante os ricos, ou alguém que é muito rico e poderoso, mas não é presunçoso nem arrogante. O que você pensa disso?

> Todo mundo espera ter uma vida feliz, mas a felicidade é apenas um sentimento que nada tem a ver com a riqueza ou com a pobreza, mas apenas com o coração espiritual.
>
> Confúcio diz a seus alunos como procurar pela felicidade na vida. Essa filosofia tem sido transmitida pelos séculos, e teve uma influência profunda em vários de nossos eruditos e poetas mais famosos.

Confúcio lhe disse que era bom, mas ainda não era suficiente. Há outro estado mais elevado: "Pobre, mas alegre no caminho; rico, porém praticante dos ritos."

O estado mais elevado exige que a pessoa deva não só aceitar a pobreza tranquilamente, e não sair rastejando e suplicando por favores, mas também ser possuída de uma serena e nítida felicidade interna, o tipo de felicidade que não pode ser reprimida por uma vida de pobreza. Nem o poder nem as riquezas tornam alguém presunçoso ou consumista: essa pessoa ainda será refinada e cortês, com uma mente alegre e satisfeita. Tal pessoa consegue evitar ser desencaminhada por uma vida de riqueza e fartura, conseguindo manter o autorrespeito e a felicidade interna. Alguém assim pode verdadeiramente ser chamado de *junzi*.

A palavra *junzi*, que aparece com maior frequência do que qualquer outra em *Os analectos*, descreve a pessoa ideal para Confúcio, que qualquer um de nós, rico ou pobre, tem o potencial de se tornar. Até hoje, na China, ainda usamos a palavra como sinônimo de integridade pessoal, dizendo que essa ou aquela pessoa é um verdadeiro *junzi*. À medida que foram passando pelas gerações, as ideias de Confúcio moldaram os muitos *junzi* de corações nobres e generosos que apareceram por toda a história e com quem podemos aprender enquanto nos esforçamos para nos tornar *junzi* em nossa vida.

Tao Yuanming, o grande poeta da dinastia Jin Oriental, foi uma dessas figuras. Por 83 dias, ele ocupou um cargo oficial pouco importante de magistrado de Pengze, até que algo muito pequeno o levou a pedir dispensa do cargo e a voltar para casa.

Ele fora informado de que seus superiores enviariam alguém para inspecionar seu trabalho e que ele deveria "amarrar suas roupas com um cinto para cumprimentá-lo", exatamente como hoje você vestiria um terno para mostrar respeito a visitas importantes.

> **Nossos olhos veem muito da palavra e muito pouco do coração e da alma.**

Tao Yuanming disse: "Não posso me curvar tão baixo como um criado por causa de cinco medidas de arroz." Em outras palavras, ele não estava disposto a rastejar pelo pequeno salário de um funcionário público. E, então, voltou para casa, deixando seu brasão oficial para trás.

Ao chegar lá, escreveu o que sentira.

Ele disse: "Desde que meu coração se tornou escravo de meu corpo, sinto melancolia e pesar." Ele sentia que apenas para comer um pouco melhor e ter um lugar ligeiramente melhor para morar, ele não tinha escolha a não ser se humilhar, rastejar e bajular.

> Aos olhos das pessoas modernas, ficar contente por ser pobre, ao mesmo tempo sem abrir mão de seus princípios, tende a indicar certa falta de iniciativa. Todo mundo trabalha com afinco para desenvolver a carreira diante da concorrência ferrenha. Parece que quanto se ganha e o status profissional (ou a falta dele) se tornaram os indicadores mais importantes de sucesso.
>
> Mas, quanto mais ferrenha a concorrência, mais precisamos ajustar nossa visão de mundo e nossos relacionamentos com os outros. Com isso em mente, como deveríamos nos conduzir na sociedade moderna? Existem regras para nos guiar?

Ele não estava disposto a ter aquela vida — "Sei que não posso retomar o meu passado, mas conheço meu futuro e posso persegui-lo" — e, então, retornou mais uma vez para o campo, local que tanto amava.

Novamente, Zigong fez a Confúcio uma pergunta extremamente importante: "Existe uma única palavra que possa ser um guia de conduta durante toda a vida de alguém?' O senhor poderia me dizer uma palavra que eu pudesse usar até o fim de meus dias e sempre obter benefícios por meio dela?"

Confúcio respondeu a ele em um tom de voz informal: "Se tal palavra existe, é provável que seja a palavra *shu*, ou 'tolerância'."

Mas o que queremos dizer com isso? Confúcio prosseguiu: "Não imponha aos outros aquilo que você não deseja para si próprio." Ou seja, você não deve forçar outras pessoas a fazer algo que você não deseja fazer. Se uma pessoa puder fazer isso durante toda a vida, já é suficiente.

E isso é o que significa "Com metade do livro *Os analectos*, posso governar o Império." Às vezes, aprender uma ou algumas palavras bastam por uma vida inteira.

Confúcio é um verdadeiro sábio — ele não dará a você muito para se lembrar, mas, às vezes, uma única palavra é tudo de que você precisa.

Um discípulo de Confúcio, Zengzi, disse certa vez: "O caminho do Mestre consiste em fazer o melhor e em usar a sim mesmo como uma medida para avaliar os outros. Isso é tudo." A essência dos ensinamentos de Confúcio pode ser resumida em apenas duas palavras: "lealdade" e "tolerância". Em síntese, você precisa ser autêntico, mas, ao mesmo tempo, deve pensar nos outros.

Por tolerância, Confúcio queria dizer que você não deveria forçar as pessoas a fazer algo contra a própria vontade, nem deveria fazer algo que magoasse alguém. Extrapolando, ele quis dizer que, se outras pessoas fazem algo que o magoa, você deve fazer o melhor possível para tratá-las com tolerância.

No entanto, é mais fácil dizer do que fazer. Com frequência, quando algo incorreto ou injusto acontece, não conseguimos deixar de remoê-lo, examinando-o constantemente. E repetidas vezes ao fazê-lo, ficamos magoados.

Há uma história interessante no budismo.

Dois monges saíram de seus templos na montanha para pedir esmolas. Ao chegarem às margens de um rio, viram uma moça, que estava aflita porque não conseguia atravessá-lo. O monge idoso disse para a moça: "Eu a carregarei nas minhas costas." E ele atravessou o rio com a moça nas costas.

O monge jovem ficou surpreso demais para fazer algo além de ficar boquiaberto, por conta de sua perplexidade. Não ousou fazer qualquer pergunta. Prosseguiram por mais 20 léguas e, ao final, não conseguindo aguentar mais, perguntou ao monge idoso: "Mestre, somos monges, espera-se que sejamos celibatários, como pôde atravessar o rio com uma moça nas costas?"

O monge idoso disse friamente: "Você viu como a carreguei para cruzar o rio e, em seguida, a coloquei no chão. Como pôde ter carregado esse pensamento com você por 20 léguas e ainda não tê-lo colocado no chão?"

A moral dessa história é exatamente o que Confúcio nos ensina: quando for o momento de deixar algo de lado, deixe-o de lado. Ao ser tolerante com os outros, você está, na realidade, se livrando de grandes cargas.

> Mas o que Confúcio nos diz não é apenas que deveríamos pegar ou deixar coisas de lado, mas que também devemos fazer o possível para ajudar aqueles que necessitam. Isso é o que queremos dizer com "se você dá uma rosa, o aroma permanecerá em suas mãos": dar pode trazer mais felicidade do que receber.

Ao ser tolerante com os outros, você está, na realidade, se livrando de grandes cargas.

No centro da teoria confuciana, há uma terceira palavra, além de lealdade e tolerância: "benevolência".

Uma vez, um aluno de Confúcio, Fan Chi, perguntou respeitosamente a seu mestre: "O que é benevolência?" Ele respondeu com três palavras: "Amar as pessoas." Amar os outros é benevolência.

Fan Chi perguntou novamente: "O que é isso que chamam de sabedoria?" O mestre respondeu: "Conhecer as pessoas." Compreender os outros é chamado de sabedoria.

Amar e cuidar do outro é benevolência; compreender o outro é sabedoria. É simples assim.

Então, qual é a melhor forma de ter um coração benevolente e amoroso?

Confúcio disse: "Um homem benevolente ajuda os outros a firmarem sua atitude do mesmo modo que ele próprio deseja firmar a sua e conduz os outros a isso do mesmo modo que ele próprio deseja chegar lá. A capacidade de tomar o que está ao alcance da mão como parâmetro pode ser considerada o método de benevolência." (*Os analectos*, VI).

Se você deseja elevar-se, pense imediatamente em como ajudar os outros a se elevarem também; se você deseja realizar suas ambições, pense ao mesmo tempo em como ajudar os outros a realizarem as deles também. Isso pode ser feito começando com as pequenas coisas próximas a você, tratando os outros como gostaria de ser tratado. Esse é o caminho para viver de acordo com a benevolência e a justiça.

Na vida, qualquer um de nós pode passar por experiências como o desemprego repentino, uma separação, a traição de um amigo ou o abandono por parte de alguém próximo a nós, e podemos considerar esses eventos algo sério ou sem importância; não há um padrão objetivo.

Por exemplo, se você se corta, quem sabe um corte de 3 centímetros, considera isso um ferimento grave ou um ferimento sem importância? Uma jovem sensível e delicada pode fazer um escândalo por causa disso durante uma semana inteira; mas um jovem maduro e forte pode simplesmente desprezar o ocorrido, desde o momento em que se cortou até aquele em que se curou por si só.

Portanto, assumir o papel de uma "jovem" delicada ou o de um "jovem" forte é algo que depende inteiramente de nós.

Se você tem uma mente infinitamente aberta, será sempre capaz de manter uma perspectiva adequada.

Lembro-me de uma história em um livro didático de inglês do meu curso universitário sobre um rei que passava todos os dias refletindo sobre três perguntas básicas:

Quem é a pessoa mais importante no mundo? O que é mais importante? Qual o momento mais importante para se fazer algo?

Ele expôs essas três perguntas para sua corte e seus ministros, mas ninguém conseguia responder-lhe e ele ficou muito desanimado.

Mais tarde, um dia, ele saiu à rua vestido como um plebeu e andou até um lugar distante, onde encontrou um abrigo para passar a noite na casa de um idoso.

No meio da noite, acordou surpreso ao ouvir um barulho do lado de fora e viu que um homem ensanguentado entrava apressadamente na casa do idoso.

O homem dizia: "Há homens no meu encalço, eles me prenderão!" O idoso disse: "Então, abrigue-se comigo por algum tempo" e o escondeu.

O rei ficou amedrontado demais para dormir e logo viu soldados correndo atrás do fugitivo. Os soldados perguntaram ao idoso se ele vira alguém passar por ali. O idoso respondeu: "Não sei, não há mais ninguém aqui."

Então os soldados foram embora. O homem que estavam perseguindo disse algumas palavras de gratidão e partiu. O idoso fechou a porta e foi dormir.

No dia seguinte, o rei disse para o idoso: "Por que você não teve medo de esconder aquele homem? Você não teve medo de causar problemas sérios para si? Poderia ter-lhe custado a própria vida! E, depois, você o deixou ir sem mais nem menos. Por que não lhe perguntou quem ele era?"

Amar e cuidar dos outros significa benevolência; compreendê-los, justiça.

O idoso disse calmamente: "Neste mundo, a pessoa mais importante é a pessoa à sua frente que necessita de sua ajuda; a coisa mais importante é ajudá-la; e o momento mais importante é agora; você não pode adiar, nem mesmo por um instante."

De repente, ficou claro para o rei: aquelas três perguntas filosóficas sobre as quais ficara refletindo por tanto tempo foram esclarecidas no mesmo instante.

Essa história também pode ser usada como uma observação adicional para a leitura de Confúcio.

O que é mais importante sobre pessoas como Confúcio ou qualquer outro grande pensador da China e de outros países, do passado ou contemporâneos, é que eles extraíram, das próprias experiências práticas de vida, verdades e princípios que todos podem usar.

Essas verdades não são encontradas nas páginas de volumes grossos de registros clássicos e antigos, o tipo que requer uma lente de aumento e um dicionário enorme para ser lido e que demanda uma vida inteira de estudos estafantes para compreender.

Os verdadeiros sábios não eram arrogantes nem falavam de forma ameaçadora. Eles transmitiram sua experiência de vida natural, por todas as mudanças avassaladoras pelas quais o mundo tem passado, de modo que possamos ainda sentir seu calor. Há milhares de anos, eles sorriem para nós, observando-nos em silêncio enquanto continuamos a colher os benefícios de suas palavras.

Confúcio oferece-nos verdades simples que nos ajudarão a desenvolver nosso coração e nossa alma e a fazermos as escolhas certas durante nossa viagem pela vida. O primeiro passo nessa viagem é ter a atitude correta.

Parte dois

O caminho do coração e da alma

Durante a passagem pela vida, é difícil evitar eventos que causem arrependimento e decepção. Podemos não ter forças para mudar isso, mas o que podemos mudar é a atitude com que enfrentamos essas dificuldades.

Um dos ensinamentos mais importantes de Confúcio é seu esclarecimento de como enfrentar o arrependimento e o sofrimento com uma mente tranquila.

Mas a sabedoria de 2.500 anos pode hoje verdadeiramente desatar os nós e desfazer a confusão no coração das pessoas?

Passamos a vida inteira neste planeta, como nossa existência pode ser isenta de arrependimento? Nesta vida, as pessoas sempre encontrarão algo que não evolui da maneira que gostariam.

Confúcio teve três mil alunos, dos quais 72 eram homens de sabedoria e virtude excepcionais, e cada um deles tinha algo que o afligia. Então, como ele encarava os arrependimentos da vida humana?

Um dia, um aluno de Confúcio, Sima Niu, disse pesarosamente: "Todo mundo tem irmãos, por que sou o único que não tem?"

O colega dele, Zixia, o consolou dizendo: "Já ouvi o seguinte: a vida e a morte são uma questão de destino; a riqueza e a honra dependem do céu. O *junzi* é reverente e não faz nada errado; é respeitoso com os outros e pratica os ritos, e todos entre os Quatro Mares são seus irmãos. Qual a necessidade de o *junzi* se preocupar em não ter irmãos?"

Essas palavras podem ser interpretadas em diversos níveis.

Uma vez que a vida e a morte, a riqueza e o prestígio são determinados pelo destino, estão fora de nosso controle. Precisamos aprender a aceitá-los e a conviver com nossa sorte.

Porém, ao melhorarmos nossa visão de mundo, é possível mantermos um coração sincero e respeitoso; reduzir os erros em nossas palavras e ações; e assegurar que trataremos os outros com cortesia e respeito.

Se conseguir ser você mesmo, então as pessoas o amarão e o respeitarão como um irmão no mundo inteiro.

Logo, se você é um verdadeiro *junzi* culto, por que lamentar por não ter irmãos?

Essas palavras, embora não venham da boca de Confúcio, representam um dos valores que ele advoga.

Primeiro, você precisa ser capaz de encarar friamente os arrependimentos em sua vida e aceitá-los o mais rapidamente possível. Não deve apegar-se ao arrependimento, lamentar a sorte e se questionar repetidamente — isso só serve para aumentar sua dor.

Segundo, você deve fazer o máximo possível para compensar esse arrependimento ao se dispor a fazer aquilo que *é capaz de* fazer.

Um único arrependimento pode tornar-se totalmente exagerado. E qual é o resultado? Como disse o poeta indiano Tagore: "Se você chorar quando sentir falta do sol, também sentirá falta das estrelas."

Certa vez, em uma revista antiga, li uma história sobre a tenista britânica Gem Gilbert.

> O reconhecimento das partes insatisfatórias da vida
> e a capacidade de compensar essas deficiências
> com os próprios esforços representam precisamente
> a atitude que Confúcio nos ensina a ter para lidar
> com os arrependimentos em nossa vida.
>
> **Se uma pessoa não é capaz de aceitar esses
> arrependimentos, quais podem ser as
> consequências no futuro?**

Quando era jovem, Gem presenciou uma tragédia. Um dia, ela foi com a mãe a uma consulta de rotina no dentista. Ela achava que voltariam — para casa logo. Mas algo muito errado aconteceu e a pobre da menina presenciou a morte da mãe na cadeira do dentista.

Essa memória tenebrosa nunca a abandonou e parecia não haver nada que ela pudesse fazer para apagá-la. A única coisa que poderia fazer era evitar ir a uma consulta no dentista.

Anos mais tarde, ela se tornou uma jogadora de tênis rica e bem-sucedida. Um dia, teve uma dor de dente tão torturante que não conseguiu suportar mais. Por fim, sua família a convenceu a fazer algo. "Simplesmente chame um dentista para vir em casa. Não precisamos ir à clínica, seu médico está aqui, ficaremos com você. O que você teme?" E então chamaram um dentista em casa.

Mas algo inesperado aconteceu: após ter arrumado os equipamentos e preparado a cirurgia, o dentista descobriu que Gem Gilbert estava morta.

Essa é a força da sugestão psicológica. Um único arrependimento pode tornar-se tão exagerado a ponto de ameaçá-lo e afetar sua vida inteira. Os arrependimentos dos quais não consegue livrar-se podem prejudicá-lo física e emocionalmente.

Por exemplo, em determinada cidadezinha, vivia uma menina muito pobre. Ela perdera o pai, e ela e a mãe dependiam uma da outra para tudo, conseguindo sobreviver de artesanato miseravelmente e com muito esforço. Ela sofria de sentimentos terríveis de inferioridade, porque nunca tivera roupas bonitas ou bijuterias para usar.

> Já que é impossível evitar se arrepender na vida, a atitude que adotamos em relação aos arrependimentos é extremamente importante. Uma atitude diferente pode resultar em uma qualidade de vida completamente distinta.

No Natal, aos 18 anos, a mãe fez algo que nunca fizera: deu a ela uma bolsa cheia de dinheiro, dizendo-lhe que comprasse um presente.

Tal prazer estava muito além de seus sonhos mais delirantes, mas a ela ainda faltava a coragem de andar pelas ruas com naturalidade. Ao se encaminhar para as lojas, a bolsa apertada na mão, ela se desviou da multidão e andou junto à parede.

No caminho, viu que todas as pessoas tinham uma vida melhor que a dela e se lamentou: Não consigo manter a cabeça erguida aqui, sou a menina mais maltrapilha desta cidade. Ao ver um jovem rapaz, que ela secretamente admirava muito, pensou tristemente quem seria o par dele na grande festa daquela noite.

E, então, arrastando-se e evitando outras pessoas o tempo inteiro, chegou à loja. Logo que entrou, algo chamou sua atenção: uma bandeja com enfeites muito bonitos para cabelo.

Enquanto os admirava, a vendedora disse-lhe: "Que belo cabelo loiro você tem! Experimente colocar esta flor em tom verde-claro nele. Você ficará simplesmente linda." Ela olhou a etiqueta do preço. A flor custaria quase todo o dinheiro que tinha, e então disse: "Não posso comprá-la, não se incomode." Mas a vendedora já havia colocado a flor no cabelo dela.

A vendedora trouxe um espelho e o segurou à sua frente. Ao se ver no espelho, a menina ficou impressionada. Nunca se vira daquela forma: o rosto irradiando saúde e beleza. Ela se sentiu como se a flor a tivesse transformado em um anjo! Sem um momento sequer de hesitação, apanhou o dinheiro e comprou a flor. Tonta de emoção de uma forma que nunca sentira antes, ela pegou o troco, deu a volta e saiu correndo da loja, esbarrando em um idoso que acabara de passar pela porta. Achou que o ouvira pedir ajuda a ela, mas não prestou a mínima atenção e passou voando, os pés mal tocando o chão.

Antes que percebesse o que estava fazendo, ela chegou à rua principal da cidade. Viu que todos lançavam olhares surpresos em sua direção e os ouviu falando dela: "Nunca soube que havia uma moça tão bonita nesta cidade. De quem é filha?" Ela encontrou de novo o rapaz de quem gostava secretamente e, para sua surpresa, ele gritou para que ela parasse, dizendo: "Você me daria a honra de ser minha acompanhante na festa natalina?"

A menina ficou radiante de alegria! Pensou: Vou fazer uma extravagância só desta vez. — Vou voltar e comprar algo com o troco. E, com esse pensamento, voou exultante para a loja.

Tão logo passou pela porta, o idoso falou para ela sorrindo: "Sabia que você voltaria! Quando esbarrou em mim, sua flor caiu. Fiquei esperando todo esse tempo que você voltasse para pegá-la."

É aqui que essa história termina. O belo arco do cabelo não compensara toda a tristeza na vida da menina, mas sua nova autoconfiança fez toda a diferença.

E de onde vem a autoconfiança? Vem de uma sensação prática e resoluta de calma interior; de um comportamento calmo e natural que é a marca do verdadeiro *junzi*.

Um aluno de Confúcio, Sima Niu, uma vez lhe perguntou que tipo de pessoa poderia ser chamada de *junzi*.

Confúcio respondeu: "O cavalheiro [*junzi*] é livre de preocupações e medos."

Sima Niu perguntou novamente: "Então, se alguém é livre de preocupações e medos, essa pessoa pode ser chamada de cavalheiro [*junzi*]?"

É possível que ele tenha pensado que esse patamar era baixo demais.

Confúcio declarou: "Se, ao examinar a si próprio, um homem não encontra razão alguma para se repreender, que preocupações e medos pode ele ter?"

Hoje, poderíamos usar um ditado popular comum para interpretar o significado das palavras de Confúcio: "Se sua consciência está limpa, você não temerá ouvir uma batida à sua porta à meia-noite."

É possível defender a posição de que refletir sobre a própria conduta e não ser capaz de encontrar nada do que se arrepender ou se envergonhar seja um patamar bastante baixo. De certa forma, é. Qualquer um de nós poderia fazê-lo. Igualmente, no entanto, isso poderia ser corretamente visto como o mais alto padrão possível. Pense nisto: é um grande desafio viver de tal forma que absolutamente tudo que já fizemos possa passar por um exame minucioso. É por isso que Confúcio o tornou o padrão para ser um *junzi*.

Como então podemos conseguir esse tipo de coração espiritual forte, o qual pode nos ajudar a viver isentos de preocupações, indecisões e medos?

Se você deseja conseguir um coração espiritual forte, é preciso ficar indiferente a ganhos e perdas, especialmente os do tipo material. Confúcio, às vezes, se referia às pessoas que se importam muito com ganhos e perdas como "homens pequenos", e os declarava "vulgares". Em outras palavras, medíocres e de segunda categoria.

Uma vez, Confúcio disse: "Você pode deixar esse tipo de indivíduo vulgar planejar os assuntos de Estado mais importantes?" Não. Quando alguém assim deixa de ganhar vantagem, reclama de não ser capaz de ganhá-las; quando consegue o que quer, tem medo de perdê-lo. Uma vez que tenha medo de perder, não medirá esforços para proteger o que tem ou tentará ganhar mais ainda.

O que é a coragem verdadeira? Como ela se diferencia da ousadia imprudente? E o que Confúcio tem a dizer sobre a questão da coragem?

Uma pessoa obcecada com ganhos e perdas pessoais nunca conseguirá ter um coração aberto, ou uma mente calma e tranquila, tampouco conseguirá ter coragem genuína.

Confúcio tinha um discípulo chamado Zilu, um homem muito impulsivo que considerava a coragem uma questão importantíssima.

Certa ocasião, Confúcio disse ironicamente: "Se um dia meu Grande Caminho se tornar impraticável, acabarei sozinho em um barco, boiando nos mares e rios. Se alguém ainda estiver me seguindo na ocasião, provavelmente será Zilu."

Zilu ficou muito satisfeito quando ouviu isso. Porém, seu mestre acrescentou: "Digo isso porque, além de coragem, Zilu não tem mais nada." O amor pela coragem era a qualidade definidora dele, mas sua valentia era do tipo superficial e imprudente.

Mas, em outro dia, Zilu perguntou a seu mestre: "O *junzi* considera a coragem uma qualidade suprema?"

Confúcio respondeu-lhe: "Para o *junzi*, a moralidade é suprema. Dotado de coragem, mas desprovido de moralidade, um *junzi* causará problemas, enquanto um homem pequeno será um bandido."

O mestre disse: "Ao comer arroz comum e beber água, ao utilizar os cotovelos como apoio, a alegria será encontrada. Riqueza e status conquistados por meios imorais têm tanto a ver comigo quanto as nuvens que passam." (*Os analectos*, VII)

O significado disso é que não é errado um *junzi* valorizar a coragem, mas esta deve ser controlada e contida; ela tem uma precondição, que é a "moralidade". Somente a valentia que coloca a moralidade em primeiro lugar é a verdadeira coragem. Caso contrário, um *junzi* poderia usar sua bravura para provocar confusão, e uma pessoa vulgar poderia até decair a ponto de se tornar um ladrão.

Pensando bem sobre isso, os ladrões e bandidos invadem casas; roubam e até matam, mas você pode afirmar que eles não são valentes? No entanto, essa valentia imoral é o que há de mais prejudicial no mundo.

Portanto, o que é a "moralidade" e como sabemos o que é certo ou errado?

Está claro que é um tipo de limitação interna. Confúcio disse: "É raro que um homem apegado às coisas essenciais perca o autocontrole." (*Os analectos*, IV). Em outras palavras, se uma pessoa tem essa limitação interna, então ela cometerá bem menos erros durante a vida.

Se uma pessoa conseguir verdadeiramente "examinar-se nesses três aspectos" (*Os analectos*, I), se puder de fato atingir o estado no qual, "quando conhecer alguém melhor do que você, dirigirá seus pensamentos para tornar-se igual a essa pessoa. Quando conhecer alguém tão bom quanto você, olhará para dentro e examinará a si próprio" (*Os analectos*, IV), então você terá alcançado a limitação. A verdadeira coragem prometida por Confúcio e seus seguidores é ser capaz de refletir sobre as próprias deficiências e trabalhar para compensá-las.

Muitos anos mais tarde, o escritor e estadista Su Shi descreveu essa valentia em *On Staying Behind*. Ele a denominou de "grande coragem" e disse:

> *O que os antigos chamavam de um homem com coragem e talento notáveis deve ter um grau de autocontrole que supere o dos homens comuns. Há coisas que os humanos não podem suportar. Se o homem comum for envergonhado, ele saca a espada e corre*

para a luta; esse gesto não é suficiente para ele ser chamado de valente. Há os que têm grande coragem e que, quando são atacados repentinamente, não se intimidam; quando criticados sem razão, não ficam furiosos. A razão para isso é que a ambição desses homens é grande, e eles apreciam as aspirações superiores e sublimes.

Do ponto de vista de Su Shi, os verdadeiros corajosos precisam ter "um grau de autocontrole que supere o dos homens comuns". Eles são capazes de suportar a humilhação pública dolorosa, exatamente como o fez o famoso general Han Xim quando foi forçado a rastejar entre as pernas de um homem em um lugar público, em vez de desperdiçar duas vidas em um duelo até a morte. Essa experiência não o impediu de alcançar sucessos notáveis no campo de batalha, conseguindo uma série de vitórias decisivas. Um homem como ele nunca teria reagido movido por um impulso repentino de coragem apenas para ter um breve momento de satisfação. Isso porque ele tinha uma autoconfiança que era controlada pela razão, e uma mente segura e serena; o que, por sua vez, demonstra que ele tinha uma mente liberal e aspirações superiores e sublimes.

Su Shi descreveu tal homem como alguém que "não tem medo quando algo inesperado acontece". Esse estado mental é muito difícil de alcançar. Podemos tentar ser pessoas cultas e éticas e não ofender os outros, mas, quando os outros nos ofendem sem razão alguma, como podemos evitar ficarmos furiosos?

Por exemplo, se, na segunda-feira, um homem é vítima de uma surra repentina, severa e sem motivo; na terça, ele a descreve a todos os seus amigos, repetidamente; na quarta-feira, sucumbe à tristeza e se recusa a ver qualquer pessoa ou ir a qualquer lugar; na quinta-feira, começa a brigar com sua família por ninharias...

O que isso significa? Significa que, toda vez que você reconta a história, leva uma nova surra. Significa que, mesmo quando o acontecimento já passou, você ainda é afetado por ele todos os dias.

Quando uma adversidade se aproxima, a melhor forma de lidar com ela é deixá-la passar o mais rápido possível. Somente assim você pode ter mais tempo livre para fazer o que é mais importante, e então viverá mais efetivamente e ficará em uma condição emocional melhor.

> Há muitas coisas na vida que não são como desejamos. Às vezes, elas não são racionais nem justas. Podemos não ter forças para mudá-las, mas podemos mudar nossos sentimentos e atitudes. Analisando as coisas dessa forma, podemos dizer que as pessoas veem tudo que está em seu coração. A história a seguir de Su Shi e Foyin mostra isso.

Como vimos, Su Shi foi um homem de grandes realizações. Foyin era um monge budista de status elevado, e os dois meditavam juntos com frequência. Foyin era um personagem honesto e simples, e Su Shi sempre o provocava. Su Shi costumava sentir grande prazer nessas pequenas vitórias e, quando chegava a casa, gostava de conversar sobre elas com a irmã Su Xiaomei.

Um dia, os dois homens meditavam juntos.

Su Shi perguntou: "Olhe, como eu pareço?"

Foyin respondeu: "Acho que você parece uma estátua de Buda."

Ao ouvir isso, Su Shi caiu na gargalhada e disse para Foyin: "Você sabe o que acho que você parece sentado aí? Uma pilha de esterco de vaca."

Foyin, mais uma vez, ficou sem palavras.

Quando Su Shi chegou a casa, gabou-se disso para Su Xiaomei.

Su Xiaomei riu indiferentemente e disse ao irmão: "Como pode meditar com tão pouca compreensão? Você sabe com que as pessoas que meditam mais se preocupam? Em ver o coração e a essência: o que quer que exista em seu coração estará lá em seus olhos. Foyin disse que você era como um Buda, o que mostra que há um Buda no coração dele; você disse que Foyin era como bosta de vaca, então imagine o que deve existir em seu coração!"

Isso pode ser aplicado a cada um de nós. Pense a respeito: todos nós vivemos no mesmo planeta, mas algumas pessoas vivem animadas e felizes, enquanto outras se lamentam e suspiram o dia todo. A vida delas é realmente tão diferente?

Na realidade, é como a metade de uma garrafa de vinho. Uma pessoa pessimista diria: "Que lástima! Uma garrafa tão boa de vinho e só resta metade!", enquanto uma pessoa otimista diria: "Que maravilha! Uma garrafa tão boa de vinho e ainda temos metade!" A única diferença está na atitude delas.

Na atual sociedade competitiva, é mais importante do que nunca manter um estado de espírito positivo.

Devemos sempre nos lembrar de que, como Confúcio disse, "o cavalheiro [*junzi*] fica confortável sem ser arrogante; o vulgar é arrogante sem ficar confortável". Por ter uma mente calma, tranquila e valente, a serenidade e o bem-estar de um *junzi* fluem naturalmente de dentro; ao passo que o que você vê em um indivíduo vulgar é uma ilusão de arrogância e presunção, porque a mente dele é agitada e irrequieta.

Confúcio disse um dia: "O homem benevolente nunca fica aflito; o homem sábio nunca fica indeciso; o homem corajoso nunca tem medo" (*Os analectos*, XIV). Mas Confúcio também era muito modesto. Ele disse que esses três princípios — nunca se afligir, nunca ficar indeciso e nunca ter medo — eram algo que ele próprio nunca alcançara.

O que queremos dizer por "O homem benevolente nunca fica aflito?"

Significa dizer que alguém que tem um grande coração, cheio de benevolência e virtudes, com um espírito excepcionalmente carinhoso, tolerante e generoso, é capaz de deixar passar muitos detalhes pequenos e não fará estardalhaço por causa de ninharias. Logo, pode evitar deixar-se levar por perdas e ganhos mesquinhos. Somente esse tipo de pessoa pode de fato alcançar a paz interior e ficar livre de dúvidas e medos.

O que significa "O homem sábio nunca fica indeciso?"

Há apenas 50 anos, a maioria dos chineses passava a vida inteira na mesma unidade de trabalho, o divórcio era praticamente impossível, e com frequência viviam no mesmo lugar da infância à velhice. O que perturbava as pessoas era a previsibilidade da vida e a falta de escolhas.

Contudo, hoje ficamos perturbados não pela falta de escolhas, mas pelo excesso delas. Essa confusão e frustração são consequências de nossa sociedade cada vez mais próspera e vibrante.

Não temos controle algum sobre o mundo externo; tudo que podemos fazer é melhorar nossa capacidade de fazer escolhas. Ao compreendermos como fazê-las, como aceitar ou rejeitar algo, essas aflições e irritações também deixarão de existir. Isso é o que Confúcio queria dizer por "o homem sábio nunca fica indeciso".

Porém, o que significa "o homem corajoso nunca tem medo?"

Dito de forma simples: "Quando dois homens fortes lutam, o mais valente sempre vence." Em outras palavras, quando você tem coragem e franqueza suficientes, será forte também para seguir corajosamente adiante e, então, nunca mais terá medo.

Quando um verdadeiro *junzi* alcança a benevolência, a sabedoria e a coragem interiores, as aflições, as indecisões e os medos diminuem.

Uma vez li uma história em um livro de um autor japonês, Daisetsu Suzuki, sobre um preparador de chá famoso da era Edo, que trabalhava para um amo poderoso e eminente. Como sabemos, o Japão promove a cerimônia do chá como uma parte do zen, e a meditação é a outra parte que compõe o todo.

Um dia, o mestre decidiu ir até a capital a negócios. Ele não tolerava deixar seu preparador de chá para trás, portanto disse a ele: "Venha comigo, assim posso tomar seu chá todos os dias."

Porém, o Japão naquela época era muito perigoso. Os bandidos e os samurais sem senhor — *ronin* — vagavam pelo campo, aterrorizando os habitantes.

O preparador de chá tinha medo e disse ao mestre: "Não tenho qualquer habilidade com as armas. Se encontrar problemas na estrada, o que farei?"

O mestre respondeu: "Carregue uma espada e se vista como um samurai."

O preparador de chá não teve escolha. Vestiu-se como um samurai e foi com seu mestre para a capital.

Um dia, o mestre saiu para cuidar de seus negócios e o preparador de chá foi passear sozinho. Naquele momento, um *ronin* aproximou-se dele e o desafiou, dizendo: "Vejo que você também é um guerreiro — vamos testar sua habilidade contra a minha."

O preparador de chá retrucou: "Não sei nada sobre combates, sou apenas um preparador de chá."

O *ronin* prosseguiu: "Você não é um samurai, mas está vestido como tal. Se tivesse alguma vergonha ou respeito próprio, morreria pela minha espada!"

O preparador de chá pensou muito e, como não havia uma saída possível para aquela situação, disse: "Poupe-me por algumas horas para que eu possa completar as tarefas que meu mestre me pediu. À tarde nos encontraremos novamente na beira do lago."

O *ronin* refletiu sobre o assunto e concordou, acrescentando: "Esteja lá, ou do contrário..."

O preparador de chá correu para a escola de artes marciais mais famosa da capital. Dirigiu-se ao samurai-mestre e disse: "Imploro, ensine-me a forma mais honrosa para um samurai morrer!"

O samurai-mestre ficou extremamente surpreso e disse: "As pessoas vêm aqui buscar a vida. Você é o primeiro a vir buscar a morte. Por que está fazendo isso?"

O preparador de chá descreveu seu encontro com o *ronin* e, em seguida, disse: "Preparar chá é tudo que sei fazer, mas hoje devo travar um combate mortal com aquele homem. Imploro que me ensine como. Tudo que desejo é morrer com um pouco de honra."

O samurai-mestre disse: "Muito bem, prepare-me um chá e, em seguida, eu lhe direi o que fazer."

O preparador de chá ficou muito aflito e disse: "É possível que este seja o último chá que preparo neste mundo."

Ele o fez com grande concentração, calmamente observando a água da fonte da montanha entrar em ebulição no pequeno fogão; em seguida, colocou as folhas de chá, lavando-as, depois filtrou e serviu um pouco de chá por vez. Em seguida, ele pegou uma xícara com ambas as mãos e a ofereceu ao samurai-mestre.

O samurai-mestre observara todo o processo. Tomou um pouco de chá e disse: "Este é o melhor chá que já bebi em toda minha vida. Posso dizer-lhe neste momento que não há necessidade de você morrer."

O preparador de chá perguntou: "O que você me ensinará?"

O samurai-mestre respondeu: "Você não precisa que eu lhe ensine nada. Quando enfrentar aquele *ronin*, tudo que precisa fazer é recordar o estado de espírito em que você se encontrava enquanto fazia o chá. Você não precisa de mais nada."

Após ouvir aquilo, o preparador de chá saiu para seu compromisso. O *ronin* já estava esperando por ele e, assim que o preparador de chá chegou, ele desembainhou a espada e disse: "Agora você está aqui, que o duelo comece!"

O preparador de chá refletira sobre as palavras do grande samurai durante todo o caminho e agora enfrentava aquele *ronin* exatamente com o mesmo estado de espírito de quando preparara o chá.

Fixou o olhar no adversário e, sem pressa, retirou o chapéu e colocou-o em pé, a seu lado. Em seguida, abriu o traje externo folgado, dobrou-o lentamente e enfiou-o cuidadosamente sob o chapéu; pegou umas tiras de tecido e amarrou as mangas de seu vestuário interno firmemente aos pulsos; a seguir, fez o mesmo com as bainhas das calças. Ele se paramentou para o combate da cabeça aos pés, permanecendo calmo e sereno o tempo inteiro.

O *ronin* estava ficando ansioso. Quanto mais observava, mais perturbado ficava, por não poder avaliar com precisão o grau de habilidade de seu adversário com as armas. O olhar do outro homem e seu sorriso o tornavam cada vez mais inseguro.

Ao acabar de se vestir, a ação final do preparador de chá foi sacar a espada assobiante da bainha e brandi-la no ar... e lá parou, porque não sabia o que fazer em seguida.

Naquele momento, o *ronin* se ajoelhou e gritou: "Poupe-me, eu imploro! Nunca vi um espadachim tão habilidoso em toda a minha vida!"

A vitória do preparador de chá deveu-se realmente à sua habilidade de luta? Não, deveu-se à valentia no seu coração e a autoconfiança tranquila e serena. A atitude com a qual enfrentou a tarefa.

As técnicas e as habilidades não são o que mais importa. Para compreender plenamente aquilo que ultrapassa a mera habilidade, precisamos usar nosso coração e nossa alma.

Podemos ver que os padrões de comportamento que Confúcio nos indicou não são apenas uma crítica exagerada do mundo a nosso redor; eles se referem a usar a nosso serviço o tempo e a energia limitados e a direcionar nossas críticas para dentro de nossos corações e mentes.

Devemos ser um pouco menos rígidos conosco, e um pouco mais honestos e tolerantes para com os outros. Nos dias de hoje, costumamos dizer que uma pessoa decente deve ser honesta e sincera, mas não no sentido de ser ingênua e facilmente manipulável. Em vez disso, o que importa é a tolerância para perdoar as falhas alheias, tratá-las com compaixão e ver tudo do ponto de vista da outra pessoa.

Por essa razão, somente um verdadeiro *junzi* pode conseguir "não culpar o céu, nem culpar o homem", tampouco se queixar de que o destino não lhe deu a sorte de que precisava ou se lamentar de que não há ninguém no mundo que o entenda.

Um coração e uma alma fortes podem compensar seus arrependimentos inatos e inevitáveis, e os erros evitáveis que você comete na vida; ao mesmo tempo, podem dar-lhe firmeza de propósito; elevar seu espírito; e deixá-lo ter a vida mais plena e proveitosa possível. Todos os dias, você experimentará um novo renascimento e mostrará aos outros como sentir todas essas belezas.

Se você tiver equilíbrio e uma mente generosa, sincera e valente, poderá descobrir que usufrui de muitos benefícios inesperados, e todos ficarão ansiosos para dizer-lhe todo tipo de coisas maravilhosas. No entanto, se você for o oposto disso, até um mestre como Confúcio, que ensinava tanto pessoas ilustres quanto insignificantes, não desperdiçaria o tempo dele conversando com você.

Como Confúcio disse, se você encontrar alguém que pode benefeciar-se do que você poderia lhe dizer, mas não tentar conversar com essa pessoa, estará "deixando um homem se desperdiçar". Você perdeu a oportunidade com essa pessoa, o que não é bom. De outra forma, se essa pessoa se recusar a ouvir, suas palavras serão desperdiçadas, e isso também não é bom.

Se você deseja ser o tipo de pessoa com quem se pode conversar, é vital manter uma mente lúcida e aberta. Em nosso mundo moderno atarefado, em que a sociedade é cada vez mais complexa, é fundamental adotarmos a visão de mundo com a mente aberta e positiva de um *junzi*. Confúcio nos mostra como.

> Se o coração espiritual de uma pessoa está
> livre de aflições, indecisões e medos, ela naturalmente
> terá menos queixas sobre o mundo ao seu redor,
> e sua capacidade de agarrar-se à
> felicidade também aumentará.
>
> Aumentar essa capacidade é o melhor
> que podemos aprender.

Parte três

O caminho do mundo

No mundo moderno, estamos em contato constante com pessoas a milhares de quilômetros de distância por meio de e-mails e mensagens de texto via telefone. No entanto, não fazemos qualquer esforço para conhecer nossos vizinhos.

Mais do que nunca, a forma como lidamos com outras pessoas é importantíssima.

Neste ambiente social confuso e complexo, como deveríamos tratar os outros?

Quando alguém nos trata injustamente, como deveríamos reagir? Quais são os princípios que deveríamos adotar ao lidarmos com os mais íntimos?

Confúcio nos fornece muitas regras sobre como agirmos em sociedade e, consequentemente, como sermos pessoas decentes. A princípio, essas regras podem parecer rígidas, até mesmo imutáveis, mas, na realidade, elas contêm uma flexibilidade surpreendente.

Em resumo, ele nos apresenta os princípios que deveriam reger nossas ações e a medida segundo a qual devemos seguir esses princípios.

Frequentemente, perguntamos-nos o que deveríamos ou não fazer; o que é bom e o que é ruim.

Na prática, com relação a essas perguntas, muitas vezes ocorre que nem tudo pode ser dividido de acordo com ideias simples do que é certo e errado; bom e mau; sim ou não. Quando fazemos algo, e até onde fazemos, também influenciará diretamente nossa forma de agir. Confúcio enfatiza especialmente até onde deveríamos ir ao fazermos algo. Ir longe demais ou não ir longe o suficiente deve ser evitado o máximo possível.

Portanto, embora Confúcio tenha defendido a benevolência e a caridade, ele não acreditava que deveríamos perdoar as falhas de todos que encontramos com uma benevolência indiscriminada. Alguém perguntou a ele: "O que o senhor acha do provérbio 'Retribua uma ofensa com uma boa ação'?"

Confúcio respondeu: "Você deve retribuir uma ofensa com retidão e uma boa ação com uma boa ação." Isso pode não ser exatamente o que esperaríamos ouvir, mas uma consciência dos limites do que é aceitável nos outros é uma das marcas principais do verdadeiro *junzi*.

O que Confúcio está defendendo aqui é o respeito pela dignidade humana.

Certamente ele não sugerira retribuir uma injustiça com outra. Se sempre enfrentarmos as injustiças que sofremos com má vontade e rancor, ficaremos presos em um círculo vicioso infindável. Sacrificaremos não apenas nossa própria felicidade, mas a de nossos netos também.

Retribuir uma injustiça com a virtude também não é viável. Se você for muito liberal com sua bondade e misericórdia, tratando aqueles que o maltrataram com magnanimidade, isso também será um desperdício.

Porém, há uma terceira atitude, que é enfrentar tudo com tranquilidade, equilíbrio, justiça, franqueza e sinceridade, o que equivale a lidar com isso com uma moralidade elevada.

Extrapolando, Confúcio enfatizava que devemos guardar nossos sentimentos e talentos para as situações em que forem necessários.

Atualmente, todos buscam evitar o desperdício de recursos, embora ignorem a desolação do espírito e o desperdício de energia que ocorre no interior de nosso corpo todos os dias.

A prosperidade material e a crescente velocidade do ritmo da vida contemporânea exigem que tomemos decisões muito rápidas. Temos de escolher o melhor caminho para viver, um caminho que seja verdadeiramente nosso.

Na vida, vemos com frequência as seguintes situações desconcertantes:

Um pai e uma mãe que tratam bem os filhos, embora isso só os afaste.

Amigos muito próximos, que sempre acabam por magoar uns aos outros.

Uma pessoa que planeja com todo o empenho um relacionamento mais próximo com superiores e colegas, embora frequentemente o resultado seja o oposto.

Como isso pode acontecer?

Confúcio acreditava que nem a intimidade nem o distanciamento excessivos eram ideais. Para ele, "ir longe demais é tão ruim quanto não avançar o suficiente". A intimidade extrema não é a situação ideal para duas pessoas que desejam se entender.

Portanto, como fazemos para conseguir "bons" relacionamentos?

Um aluno de Confúcio, Ziyou, disse: "Importunar seu amo significará humilhação. Incomodar seus amigos significará divergência." Em outras palavras, se você fica junto a seus superiores, justificadamente ou não, embora esteja demonstrando proximidade, logo atrairá humilhação para si. Da mesma forma, se você sempre se mantiver junto a seus amigos, embora vocês possam parecer inseparáveis, a divergência não tardará a se manifestar.

Há um conto que ilustra isso. Havia uma vez um grupo de porcos-espinhos, todos cobertos por espinhos afiados, aconchegando-se uns aos outros para se manterem aquecidos durante o inverno. Jamais conseguiam chegar a uma conclusão sobre a distância a ser mantida entre eles. Um pouco longe demais, e eles não conseguiam manter uns aos outros aquecidos, e então se aproximavam; mas, assim que chegavam mais perto uns dos outros, os espinhos afiados os picavam, portanto eles começavam a se afastar, mas, ao fazê-lo, sentiam frio. Foram necessários muitas tentativas e erros para que os porcos-espinhos finalmente encontrassem a distância correta, de modo que pudessem manter o calor do grupo sem se machucar.

Na China de hoje, sobretudo nas grandes cidades, as antigas casas multifamiliares construídas em volta de um pátio central foram todas destruídas e blocos de apartamentos foram construídos em seu lugar. Já se foram os dias em que uma família fazia almôndegas e dava algumas para todos os vizinhos, e não vemos mais todos os vizinhos de pátio celebrar o Ano-Novo em conjunto, com uma mesa para os adultos e outra para as crianças. Frequentemente, vizinhos que vivem há três ou quatro anos no mesmo andar não se conhecem.

Ficou mais difícil nos comunicarmos uns com os outros porque nossos relacionamentos com os que vivem a nosso redor se tornaram mais frios.

Isso então aumenta o peso sobre os poucos amigos nos quais realmente confiamos.

Você pode pensar: meu melhor amigo deveria tratar-me um pouco melhor, aí eu faria um esforço para ser um pouco mais simpático com ele. Você pode pensar: se ele está enfrentando problemas familiares, teve uma briga com seu companheiro(a), por exemplo, por que não me conta? Posso intervir e agir como mediador!

Muitos de nós pensam dessa forma. Porém, deveríamos prestar atenção a Ziyou; a proximidade excessiva certamente causará danos a outras pessoas.

Logo, como devemos agir com nossos amigos?

Zigong, uma vez, fez a seu mestre essa pergunta, e Confúcio lhe respondeu: "Aconselhe-os da melhor forma possível e oriente-os apropriadamente, mas pare quando não houver esperança de sucesso. Não se coloque em uma posição na qual possa ser afrontado." Quando vir um amigo fazendo algo errado, você deve fazer o melhor para preveni-lo e orientá-lo com boa vontade, mas, se ele se recusar a ouvi-lo, deixe para lá. Não diga mais nada; caso contrário, você estará simplesmente se prejudicando.

Logo, com os bons amigos, é preciso também estabelecer limites. Mais nem sempre é melhor.

Os psicólogos têm um termo para o tipo de comportamento que, com frequência, vemos nas interações entre as pessoas no mundo moderno — "comportamento não amoroso". Ele descreve, muito precisamente, o que acontece quando, em nome do amor, as pessoas se comportam de uma forma gananciosa e coerciva com relação a seus entes mais queridos. Muitas vezes, esse comportamento ocorre entre marido e mulher, entre amantes, entre mãe e filho, ou pai e filha; em outras palavras, entre as pessoas que estão mais próximas umas das outras.

Confúcio nos adverte que, seja com amigos ou com superiores, devemos manter certa distância e saber onde ficam os limites entre intimidade e distanciamento.

Portanto, com nossa família — as pessoas mais queridas para nós — deveríamos ficar o mais próximos possível?

Ou deveríamos também manter certa distância entre pais e filhos, marido e mulher, ou entre amantes?

O marido ou a mulher pode dizer um ao outro: "Observe tudo de que abri mão por amor a você. Fiz isso ou aquilo apenas por causa desta família e agora você deve me tratar desta forma."

Muitas mães dizem para seus filhos: "Olhe — depois que tive você, eu me prejudiquei no trabalho, minha aparência deteriorou, sacrifiquei tudo por você. Por que não consegue tirar notas um pouco melhores na escola?"

Tudo isso constitui um comportamento não amoroso: um tipo de coerção em nome do amor, para fazer as pessoas se comportarem da maneira que desejamos.

Certa vez, li um livro sobre cuidados parentais de um psicólogo britânico, e o autor tinha algumas ideias muito sábias.

O amor quase sempre aproxima as pessoas. Porém, existe um tipo de amor, e somente um, cujo objetivo é a separação: o amor dos pais pelos filhos. O amor paternal verdadeiramente bem-sucedido significa fazer com que os filhos se tornem independentes e separem suas vidas das deles o mais cedo possível; quanto mais cedo ocorrer essa separação, mais bem-sucedido você terá sido como pai.

Visto dessa forma, independência e distância respeitosa são essenciais para a dignidade pessoal do indivíduo, e esse respeito deve ser mantido até pelas pessoas que estão mais próximas de nós.

Seja entre pais e filhos, mães e filhas, ou entre casais em casamentos duradouros, problemas surgirão se essa distância respeitosa for violada, se os limites forem excedidos — e o estágio que Confúcio chama de "inoportuno" for atingido, o ponto em que vocês já não são mais devidamente independentes um do outro. Problemas ocultos, distanciamento ou até um rompimento nas relações não estarão muito distantes.

> Seja com os amigos ou com os familiares, devemos todos saber onde ficam nossos limites.
> A moderação é o ideal.
>
> Portanto, em nossa vida profissional, é de fato verdade que, quanto mais entusiasmados formos, melhor será?
>
> É verdade que, quanto mais trabalho fizermos, melhor, seja ele parte de nossas obrigações ou não?
>
> Ao lidar com o trabalho, também há limites que precisamos compreender?

Confúcio nos mostra que devemos respeitar todas as pessoas igual e racionalmente, mantendo uma distância cautelosa, e dar a cada uma espaço para respirar.

Isso é muito semelhante ao estado zen-budista chamado "a flor não totalmente aberta, a lua não totalmente cheia".

Esse é o melhor estado que pode haver entre as pessoas. Assim que abre por completo, a flor começa a murchar; assim que está completamente cheia, a lua começa a minguar. Porém, quando a flor não está completamente aberta, nem a lua totalmente cheia, você ainda sente uma expectativa e tem algo pelo que esperar.

É sempre assim, tanto com os amigos quanto com os familiares. Ao lhes dar espaço, você descobrirá que novos horizontes se abrirão diante de seus olhos.

O mestre disse: "Dedique-se com fé a aprender e espere a morte da maneira certa. Não entre em um reino instável; não permaneça em um reino instável. Mostre-se quando o caminho vingar no Império, mas esconda-se quando isso não acontecer. É vergonhoso ser pobre e humilde quando o caminho prevalece no reino. Igualmente, é vergonhoso ser rico e nobre quando o caminho cai em desgraça no reino." (*Os analectos*, VIII)

Muitos universitários chineses fazem estágios em empresas estrangeiras. Ao iniciar o estágio, o chefe do Departamento de Recursos Humanos fornece uma *descrição do cargo* por escrito, a qual especifica o cargo e o trabalho a ser realizado. Todo mundo tem uma, de secretários e digitadores a gerentes mais graduados.

Na China, em geral, o tipo de trabalho que fazemos é determinado, mas não o quanto fazemos. Dizemos sempre que os jovens devem trabalhar com dedicação e competência, e uma pessoa que faz o trabalho de três é a melhor, acreditando que isso ajudará a aliviar a carga de todos. Essa postura está em desacordo com o moderno espírito de gestão de empresas. A pessoa responsável por uma tarefa deve ser a que cuida dela; dessa forma, todos trabalham juntos como partes de uma estratégia coerente.

Confúcio disse: "Não se preocupe com as questões de governo, a menos que elas sejam responsabilidade de seu cargo." Em outras palavras, seja qual for seu cargo, você deve cumprir com sua obrigação, sem exceder sua autoridade e sem se intrometer nos assuntos de outras pessoas, indo além de sua área de atuação para fazer o que você não precisa fazer. Essa atitude profissional é aquela à qual nossa sociedade moderna em particular deveria prestar mais atenção.

No entanto, há uma condição implícita aqui: "Quando *são* responsabilidades do cargo, você *deve* se preocupar com as questões de sua alçada." Então, quando são sua responsabilidade, como você deveria se preocupar com essas questões?

Como saber o que devemos fazer?

Confúcio disse: "Em seus relacionamentos com o mundo, o *junzi* não é invariavelmente a favor ou contra algo. Ele está do lado daquilo que é moral."

O que Confúcio queria dizer era: o *junzi* não tenta forçar algo; não se opõe a nada sem uma razão; não é exigente demais nem desinteressado demais; muito próximo ou muito distante; mas age com moralidade e justiça. Estes deveriam ser os princípios e os padrões que guiam nossas condutas.

Uma vez que sabemos o que deve orientar nossas ações, devemos nos preocupar com as ações em si.

Entre "palavras" e "ações", Confúcio dava mais valor às "ações". Ele era extremamente desconfiado das pessoas vangloriosas e vaidosas.

Ele dizia: "É raro, na realidade, que um homem dissimulado e de rosto adulador seja benevolente." Você não consegue encontrar alguém realmente virtuoso entre aquelas pessoas caracterizadas por palavras dissimuladas e jeito adulador.

Portanto, o que Confúcio defendia? Muito simplesmente — fale menos, faça mais. Você deve mostrar entusiasmo em suas ações, mas ele aconselhava termos um "discurso cauteloso". Você não deve dizer que pode fazer algo que não consegue. Como o ditado folclórico chinês diz "Os problemas saem da boca" e, embora esse ditado possa ser um tanto forte, o mínimo que você pode esperar da presunção é "palavras demais, sentidos de menos".

O aluno de Confúcio, Zizhang, desejava estudar para se tornar um servidor público.

Zizhang desejava um cargo de responsabilidade na sociedade e perguntou a seu mestre o que deveria fazer. Confúcio lhe disse: "Use seus ouvidos amplamente, mas ignore aquilo que é duvidoso; repita o restante com cuidado e você cometerá poucos erros. Use seus olhos amplamente e ignore aquilo que é perigoso; coloque o restante em prática com cautela e você terá poucos arrependimentos. Quando, ao falar, você cometer poucos erros e, ao agir, tiver poucos arrependimentos, uma carreira oficial decorrerá com certeza." (*Os analectos*, II)

"Use seus ouvidos amplamente, mas ignore aquilo que é duvidoso" significa que você deve primeiro usar os ouvidos e ouvir o que as pessoas dizem, mas as partes sobre as quais não tiver certeza deverão ser deixadas de lado. Chamamos de experiência direta a aprendizagem do que nos acontece, enquanto a experiência indireta constitui a aprendizagem com as experiências alheias e com os caminhos que outros tomaram, inclusive suas frustrações e infortúnios.

"Coloque o restante em prática com cautela" significa que você deve tomar cuidado ao discutir o que ouviu, mesmo as partes sobre as quais tem certeza. "E você terá poucos arrependimentos" quer dizer exatamente isso.

"Use seus olhos amplamente, mas ignore aquilo que é duvidoso" significa olhar a seu redor, mas novamente deixar de lado aquilo de que não tem certeza. Em geral, a confusão resulta de um campo de visão limitado: como pode um sapo no fundo de um poço compreender a imensidão do oceano ou do céu?

Uma vez que se tenha tornado rico em experiências, você ainda precisará tomar cuidado com suas ações. Esse tipo de cautela é descrito como a forma de se comportar "como se [estivesse se] aproximando de um abismo profundo, como se andasse sobre gelo fino". (*Os analectos*, VIII)

Pense mais, ouça mais, veja mais, seja cauteloso nas palavras e nas ações — a vantagem de agir dessa forma é que você terá menos arrependimentos.

Ninguém no mundo vende uma cura para o remorso. Assim que uma pessoa sabe que fez algo errado, aquilo que aconteceu se torna um *fait accompli*, e não há como corrigi-lo. Se uma pessoa evita culpar e se queixar quando fala e, ao agir, evita muitas das experiências que levam ao arrependimento, é certo que terá sucesso no que se propuser a fazer.

Li uma história interessante na internet.

Era uma vez um menininho mal-humorado, muito teimoso, que tinha ataques de raiva constantes, quebrava e batia em tudo. Um dia, seu pai pegou o garoto pela mão e o levou até a cerca no fundo do jardim, dizendo: "Filho, de agora em diante, todas as vezes que você se irritar em casa, martele um prego na cerca. Assim, após algum tempo você poderá ver quantas vezes teve um acesso de raiva, certo?" O menino pensou: "Que razão há para ter medo? Vou tentar." Depois disso, todas as vezes que tinha uma explosão de raiva, ele martelava um prego na cerca, mas, ao ir olhá-los no dia seguinte, sentia-se um pouco envergonhado: "Oh! Quantos pregos! Montes deles!"

O pai disse: "Está vendo? Você precisa se controlar. Se conseguir passar um dia inteiro sem perder a paciência, pode arrancar um dos pregos da cerca." O menino pensou: "Se eu perder a paciência uma vez, terei de martelar um prego, mas terei de passar um dia inteiro sem perder a paciência até poder retirar um — isso é muito difícil!" No entanto, para se livrar dos pregos, ele precisava se controlar o tempo inteiro.

No início, o menino encontrou muitas dificuldades, mas, após retirar todos os pregos da cerca, repentinamente percebeu que aprendera a se controlar. Partiu feliz para falar com o pai: "Papai, rápido, venha ver, não há mais nenhum prego na cerca, e não perco mais minha paciência."

O pai acompanhou o filho até a cerca e disse com voz séria: "Olhe, filho, os pregos nesta cerca foram todos retirados, mas os buracos ficarão lá para sempre. Todas as vezes que perder a paciência com seus familiares, um buraco se abre no coração deles. Quando o prego é retirado, é possível pedir perdão, mas você nunca consegue fazer o buraco desaparecer."

Essa história é uma explicação perfeita do que Confúcio queria dizer com "quando ao falar, você deve cometer poucos erros e, ao agir, ter poucos arrependimentos."

> Ao falar, devemos pensar com cuidado; ao agir, devemos levar em conta as consequências. Isso é o que há de mais importante para lembrar em todas as nossas interações.
>
> Se desejamos ser capazes de lidar com todos os tipos diferentes de relacionamentos interpessoais na sociedade moderna diversa e complexa, é importantíssimo compreender a cortesia.
>
> Portanto, como Confúcio compreendia a cortesia?

Antes de fazermos algo, devemos pausar por um momento e levar em conta as consequências, exatamente como quando o prego é martelado: mesmo que seja retirado mais tarde, a cerca nunca mais voltará a ser a mesma.

Ao fazermos algo, devemos examinar os efeitos no longo prazo e ser duplamente cautelosos. Dessa maneira, poderemos evitar magoar os outros, e teremos menos arrependimentos no futuro.

Confúcio dava muito valor à formalidade na vida cotidiana. Ele respeitava a cortesia e observava as formalidades corretas, mas nunca apenas por uma questão de aparência, e sim como um tipo de autoaperfeiçoamento. Quando homens em cargos oficiais, enlutados e obscuros passavam à sua frente, ele sempre se levantava, mesmo que a pessoa fosse mais jovem que ele e, portanto, existisse abaixo dele na hierarquia social. Se precisava passar na frente dessas pessoas, ele andava rapidamente, a passos curtos, para mostrar respeito.

Isso é cortesia.

Confúcio se comportava assim em outras situações também.

Dizem de Confúcio: "Quando bebia em uma reunião em um vilarejo, ele partia assim que aqueles que usavam bengalas saíam." "Enquanto os aldeãos exorcizavam espíritos malignos, ele permanecia em trajes formais nos degraus orientais [o local em que o anfitrião deve posicionar-se]." Quando as cerimônias realizadas pelos aldeãos terminavam, Confúcio sempre esperava para deixar o local após as pessoas mais idosas de bengala terem passado pela porta; ele jamais passava na frente delas. Quando os campesinos realizavam ritos para expulsar os fantasmas, Confúcio sempre permanecia de forma respeitosa nos degraus orientais, vestido em trajes formais.

Essas são cerimônias bem simples. Poderíamos até nos perguntar por que os autores dos livros e anais antigos se preocupavam em registrar as coisas tão triviais que um grande sábio fazia. Todo mundo não sabia fazer esse tipo de coisa? Isso não serviria apenas para glorificar o sábio?

De fato, as falas e ações do assim chamado sábio eram tão simples que até deixam as pessoas de hoje um pouco desconfiadas. Essas histórias são exatamente iguais a algo que poderia acontecer em sua vizinhança ou em sua casa.

No entanto, como são afetuosas! Elas nos fazem sentir que os sábios não estão tão longe de nós. Mais uma vez, Confúcio nos mostra as verdades que desvelou e os eventos pelos quais passou, para que os compartilhemos com ele.

Assim, percebemos que ações aparentemente insignificantes são verdadeiramente importantes quando vêm do coração e da alma.

O aluno de Confúcio, Zilu, uma vez perguntou a seu mestre como poderia se tornar um *junzi*. Confúcio lhe disse: "Ele cultiva a si próprio e, portanto, obtém respeito." Cultivar-se e manter uma atitude séria e respeitosa. A reação de Zilu a isso foi: "Ao fazer apenas isso, você pode se tornar um *junzi*? Certamente não pode ser simples assim?"

Confúcio acrescentou um pouco mais: "Ele cultiva a si próprio e, portanto, traz paz a seus semelhantes." Primeiro torne-se uma pessoa melhor, depois você pode pensar em formas de fazer outras pessoas felizes.

Evidentemente, Zilu não ficou satisfeito com isso e o pressionou um pouco mais: "Isso é tudo?"

Confúcio continuou: "Ele cultiva a si próprio e, portanto, traz segurança para as pessoas. Até mesmo Yao e Shun considerariam penosa a tarefa de trazer paz e segurança às pessoas." Até os *junzi* e eruditos como Yao e Shun, os lendários imperadores sábios, achariam uma tarefa como essa difícil. Se você puder conseguir tudo isso, certamente será bom o suficiente para ser um *junzi*!

Os analectos estão repletos dessas pequenas histórias simples que poderiam ter acontecido a qualquer um de nós — muito raramente deparamos com algum trecho longo, bombástico e moralizante. Não ficamos com a sensação de que as verdades que Confúcio nos oferece estão além de nossas possibilidades. Ao contrário, parecem muito afetuosas e ao nosso alcance.

Confúcio nos diz que devemos nos concentrar primeiro não em trazer a estabilidade para o mundo, mas em como ser a melhor versão possível de nós mesmos. "Cultivar o caráter moral" é o primeiro passo para assumir a responsabilidade pela nação e pela sociedade. Ele e seus discípulos esforçaram-se arduamente para ser "a melhor versão" de si mesmos, mas seu objetivo nesse exercício foi ser o mais responsável possível com a sociedade em que viviam.

Confúcio disse: "Os homens de antigamente estudavam para aprimorar a si próprios; os homens de hoje estudam para impressionar os outros." (*Os analectos*, XIV). Os antigos estudavam para se tornar pessoas melhores, mas hoje estudamos para nos exibir e impressionar os outros.

Alguém que tem respeito genuíno pela aprendizagem estuda para melhorar sua mente. Aprender com livros, com a sociedade e à medida que crescemos; com tudo isso, você desenvolverá a capacidade de se manter feliz.

Primeiro torne-se um cidadão leal, instruído e sábio; depois, aparelhado com tudo isso, vá buscar seu lugar na sociedade e seu papel na vida. O objetivo do estudo é completar o processo de encontrar seu lugar e se aperfeiçoar.

E o que significa "estudar para impressionar os outros"?

Significa a aquisição do conhecimento como uma mera ferramenta, uma habilidade que o ajudará a conseguir um emprego ou algum outro benefício puramente pessoal.

Confúcio nunca disse que você tinha de se comportar como alguma outra pessoa para ser um *junzi*. De acordo com sua concepção, ser um *junzi* é ser a melhor versão possível de si mesmo, baseado em que ponto você se encontra agora, começando com o que está ao seu redor, e iniciando hoje, de modo que sua mente possa alcançar um estado de equilíbrio perfeito. Pois somente quando tiver uma mente e um coração verdadeiramente tranquilos, equilibrados e realistas é que conseguirá evitar ser influenciado pelos altos e baixos, pelos ganhos e perdas da vida.

Isso me faz lembrar de uma pequena história.

Três alfaiates abriram cada um uma loja na mesma rua. Cada um deles desejava atrair o maior número de clientes.

O primeiro alfaiate pendurou uma placa grande, na qual estava escrito: "Sou o melhor alfaiate da província."

Quando o segundo alfaiate viu a placa, pensou que poderia fazer melhor, então preparou uma placa maior que dizia: "Sou o melhor alfaiate de todo o país."

O terceiro alfaiate pensou: será que ele deveria dizer que era o melhor alfaiate no mundo inteiro? Ele pensou no assunto por um longo tempo e pendurou uma placa bem pequena. Ela atraiu todos os clientes da rua para sua loja, deixando os outros dois estabelecimentos abandonados.

O que dizia a placa do terceiro alfaiate? "Sou o melhor alfaiate desta rua."

Ele direcionou os olhos para o que estava na frente dele, começando com o aqui e agora. E, por isso, ganhou a aprovação dos clientes.

> Fazer o próprio trabalho bem e ser uma pessoa boa e generosa é a condição essencial de um *junzi*. Mas apenas ser uma pessoa boa e generosa é o suficiente para torná-lo um *junzi*? Não exatamente.

Ser uma boa pessoa, com coração e mente em equilíbrio perfeito, é a condição necessária para ser um *junzi*. Porém, não é suficiente por si só. Para Confúcio, o *junzi* não é apenas bom; ele também precisa ser uma pessoa importante e nobre, sempre atenta às questões do mundo e deve ter um dinamismo e uma energia verdadeiros.

A história antiga da China é povoada pelos sucessores naturais de Confúcio: acadêmicos e intelectuais famosos que viveram em tempos muito difíceis e de grande pobreza, embora nunca tenham se esquecido das pessoas simples.

Em uma época em que sua cabana de palha caindo aos pedaços, com o telhado mal vedado, era apenas o suficiente para abrigá-lo, o poeta e sábio Du Fu escreveu: "Como faço para conseguir cem mil mansões e abrigar todos os pobres do mundo, para fazê-los sorrir?" Em outras palavras, apesar da residência pobre, ele desejava que os desprovidos de um lar decente o tivessem. Ao lermos suas palavras hoje, sentimos que não se trata de mera presunção da parte de Du Fu. Ao contrário, ficamos comovidos com a generosidade de seu espírito.

Para dar outro exemplo, o poeta Fan Zhongyan acreditava que, mesmo que um *junzi* estivesse "habitando as alturas dos templos e os vestíbulos da vida oficial" ou "localizado entre lagos e rios distantes", ainda assim ele deveria preocupar-se tanto com os governantes de seu país quanto com as pessoas comuns do mundo e, portanto, "ser o primeiro a se interessar pelas aflições do mundo e o último a se comprazer com as alegrias do mundo".

A influência de Confúcio pode ser vista nitidamente nas palavras do poeta.

A esta altura, você pode começar a se perguntar se as ideias confucianas de que "a nação é minha responsabilidade" devem inevitavelmente significar o sacrifício dos próprios interesses pessoais.

Na realidade, Confúcio não defendeu esse sacrifício. Pelo contrário, sua teoria calma, afetuosa e prática sobre as relações humanas sugere que fazer tanto para a sociedade quanto sua capacidade lhe permitir é a maior proteção possível dos direitos e benefícios de todos.

No entanto, Confúcio acreditava que, ao buscar a vantagem pessoal, não se deve desviar do caminho correto, nem buscar constantemente atalhos ou vitórias triviais.

> O mestre disse: "Os cavalheiros [*junzi*] têm sempre três princípios em mente, nenhum dos quais consegui seguir: 'O homem benevolente nunca fica aflito; o homem sábio nunca fica indeciso; o homem corajoso nunca tem medo.'" Tzu-kung disse: "Aquilo que o Mestre acaba de citar é uma descrição de si mesmo." (*Os analectos*, XIV)

Confúcio sustentava que a diferença entre o *junzi* e o homem vulgar era se eles seguiam o caminho correto ou escolhiam atalhos.

Ele disse: "O cavalheiro [*junzi*] compreende o que é moral. O homem vulgar compreende o que é lucrativo." (*Os analectos*, IV). A palavra chinesa *Yi*, aqui traduzida como moral, soa como outro ideograma que significa "apropriado" ou "adequado", o que indica que a estrada que o *junzi* pega é o caminho mais verdadeiro e mais apropriado do começo ao fim. Um indivíduo vulgar, por outro lado, concentra-se na vantagem pessoal e, ao perseguir essa vantagem, torna-se muito fácil para ele adquirir hábitos nocivos.

Portanto, como se tornam aparentes as diferenças entre um *junzi* e uma pessoa vulgar?

Confúcio disse: "Enquanto o cavalheiro [*junzi*] aprecia regras benignas, o homem pequeno aprecia sua terra nativa. Enquanto o *junzi* aprecia o respeito pelas leis, o homem pequeno aprecia o tratamento generoso." Em outras palavras, um *junzi* não tem os mesmos interesses mundanos que a pessoa vulgar.

Não passa um dia sem que um *junzi* pense sobre a moralidade e o autoaperfeiçoamento, enquanto uma pessoa mesquinha leva em conta somente as próprias circunstâncias imediatas — seu lar ou seus desejos e necessidades pessoais. O *junzi* sempre segue as regras de um código moral rígido, o qual não pode ser violado, enquanto as pessoas vulgares enchem a cabeça com pensamentos sobre favores triviais e maneiras como podem obter vantagens.

Alguém que passa os dias preocupado com os assuntos familiares, tais como comprar um apartamento ou ser promovido, e que sempre tem pequenos estratagemas para melhorar o nível de vida da família é o tipo de indivíduo vulgar de quem Confúcio falava. Certamente, não há nada extremamente errado com isso, mas, se alguém permite que o coração se torne prisioneiro ao lutar por essas migalhas de vantagens pessoais, se desconsidera os controles da moralidade ou da lei para proteger ou expandir essas vantagens minúsculas, então isso pode ser muito perigoso.

O *junzi* sempre respeita a moralidade e a lei. É exatamente igual a qualquer um de nós quando pega a passarela sobre uma estrada movimentada, ou espera pelo sinal verde para atravessar uma rua: pode parecer que esses atos nos restringem, mas essas pequenas restrições, quando garantem nossa segurança, na realidade, demonstram respeito mútuo e aprimoram a sociedade.

As pessoas vulgares, ávidas por ganhos imediatos, que usam pequenos pretextos e conseguem pequenas vantagens, podem conseguir o que desejam uma vez, ou duas, mas há um perigo potencial oculto nisso, e elas podem ter certeza de que o infortúnio virá mais cedo ou mais tarde. Vamos considerar a travessia da rua novamente: assim que uma pessoa vulgar vê que o sinal está prestes a mudar, corre para atravessar, pensando que, ao fazê-lo, chegará primeiro, mas sabemos muito bem o que acontecerá mais cedo ou mais tarde.

O indivíduo vulgar não olha para as coisas da forma correta, mas está sempre ávido para arrebatar pequenas vantagens.

Na sociedade de hoje, o que é possível fazer para se tornar um *junzi*? Podemos começar com a ideia de "perseverança" ou constância. Quando jovens adultos, somos idealistas, cheios de ambição e esperança de realizar algo útil. Porém, por que essas ambições muitas vezes não se realizam? Na vida moderna, enfrentamos muitas escolhas complexas, e com toda essa excitação e esses estímulos, fica difícil para nós tomarmos decisões enquanto hesitamos diante de uma multiplicidade de escolhas. Não sabemos qual caminho escolher para realizar nossas ambições. E isso mostra falta de "perseverança".

Se realmente perseverarmos e aprendermos a examinar os efeitos no longo prazo, mesmo que não tenhamos alcançado o estado elevado daqueles que Confúcio descreveu como não tendo "nenhuma moradia fixa, mas um coração fixo", interessando-nos mais pelo que está dentro de nós do que pela nossa vida exterior, então estaremos no caminho certo para nos tornar um *junzi*.

Há um segundo padrão para um *junzi*: "O cavalheiro [*junzi*] tem consciência da própria superioridade sem ser agressivo e junta-se a outros cavalheiros [*junzi*] sem ser sectário." (*Os analectos*, xv)

Em outras palavras, um *junzi* é sociável e se dá bem com outros. No entanto, nada pode minar sua dignidade interna; ele nunca é competitivo com aqueles que o cercam. Nem um *junzi* jamais formará grupos exclusivos ou fará intrigas para obter vantagens pessoais.

Isso é o que Confúcio queria dizer ao afirmar: "O cavalheiro [*junzi*] concorda com os outros sem ser um eco." (*Os analectos*, xiii)

Em qualquer grupo grande de pessoas, as convicções pessoais de todos nunca serão exatamente as mesmas, porém um verdadeiro *junzi* ouvirá com atenção quando cada pessoa expuser seu ponto de vista e será capaz de compreender e respeitar a lógica das ideias de todos, sendo, ao mesmo tempo, fiel às próprias. Isso promove tanto a unidade quanto a harmonia e também possibilita que a voz de todos seja ouvida. Atualmente, quando na China dizemos que desejamos construir uma Sociedade Harmoniosa, isso significa

> O mestre disse:
> "O cavalheiro [junzi]
> concorda com os outros
> sem ser um eco.
> O homem vulgar ecoa
> sem estar de acordo."
> (*Os analectos* xiii)

reunir as vozes diferentes de todos e combiná-las harmoniosamente na voz de uma coletividade superior.

As pessoas vulgares são exatamente o oposto: "ecoam sem estar de acordo". (*Os analectos*, XIII).

Todos já deparamos com situações no trabalho, digamos, ou na escola, ou na universidade, em que um assunto está sendo discutido e o chefe diz algo. Nem bem as palavras deixam sua boca e alguém imediatamente se levanta e, de forma bajuladora, diz: "Sim, sim, meu Deus sim, como você está certo!", de forma bem exagerada: "Que ideia brilhante!" No entanto, assim que a reunião termina, ele se vira para outro e diz: "O que aquele homem queria desta vez? Discordo dele totalmente!".

Confúcio nos dá outra descrição das formas muito diferentes como o *junzi* e o indivíduo vulgar se comportam: "O *junzi* associa-se a pessoas, mas não entra em clubes; o pequeno homem entra em clubes, mas não se associa a ninguém." (*Os analectos*, II).

Os *junzi* "associam-se" com outros que, como eles, têm padrões altos de moralidade e justiça, os quais usam em seus relacionamentos; portanto, têm muitos amigos que acalentam as mesmas ideias e seguem o mesmo caminho. Independentemente do número de amigos que um verdadeiro *junzi* tem, ele sempre será como oxigênio no ar que respiramos, fazendo seus amigos se sentirem felizes e apreciados. O símbolo chinês 比, que significa "entrar em clubes", parece com duas pessoas próximas uma da outra. Isso significa que as pessoas vulgares preferem se juntar em seus pequenos clubes exclusivos; elas não gostam de ser absorvidas em uma coletividade maior.

Por exemplo, em uma festa, um *junzi* se sentirá completamente à vontade com todos, sejam estranhos ou antigos amigos; mas uma pessoa vulgar se esconderá num canto com seu melhor amigo, os dois resmungando um para o outro, parecendo uma quadrilha de ladrões.

Por que há diferenças assim entre as pessoas? Novamente, porque o *junzi* e o homem vulgar não existem no mesmo estado moral. Confúcio disse: "O cavalheiro [*junzi*] tem a consciência tranquila, enquanto o homem vulgar está sempre tomado de ansiedade." (*Os analectos*, VII). A razão pela qual o homem vulgar é encontrado frequentemente conspirando com outros é que ele tem a consciência pesada e deseja conspirar em benefício próprio e proteger o que já tem. Ao falarmos sobre a camaradagem ou a formação de clubes, queremos dizer exatamente isso. A mente do *junzi*, por outro lado, fica satisfeita e serena por ele estar em um estado de tranquilidade pacífica, sem egoísmo, e poder ser plácido e reunir-se com outros de forma afável e amigável.

Na China, sempre consideramos a harmonia bela, mas em que consiste a verdadeira harmonia? Repetidas vezes, Confúcio mostra que significa ser tolerante com os outros, um tipo de combinação e mistura, ao mesmo tempo mantendo vozes e pontos de vista distintos. Esse é o caminho de um *junzi* na sociedade.

Por haver tantas diferenças entre o *junzi* e o indivíduo vulgar, você verificará que seus relacionamentos com eles serão muito diferentes.

Confúcio disse: "O cavalheiro [*junzi*] é fácil de ser servido, mas difícil de ser agradado. Ele não fica satisfeito a menos que você tente agradá-lo seguindo o caminho, mas, quando se trata de empregar os serviços de outras pessoas, ele o faz dentro dos limites da capacidade delas. O homem vulgar é difícil de ser servido, mas fácil de ser agradado. Ele ficará satisfeito mesmo que você tente agradá-lo sem seguir o caminho, mas, quando se trata de empregar os serviços de outros, ele exige perfeição." (*Os analectos*, XIII).

Confúcio explica essas diferenças de uma forma extremamente fácil de entender, porque sempre coloca o *junzi* e o homem vulgar lado a lado para compará-los.

É muito fácil se entender com um *junzi*, mas você descobrirá que é muito difícil bajulá-lo. Se você deseja agradá-lo usando meios desleais, ele ficará muito insatisfeito. Ele nunca concordará em colocá-lo à frente dos outros, ou dar um jeitinho em troca de pequenos favores. Porém, quando realmente tirar proveito de você, terá encontrado um lugar adequado, baseado em talentos e habilidades. Isso é o que significa "dentro dos limites da capacidade delas".

O que define uma pessoa vulgar é que é fácil bajulá-la, mas é muito difícil trabalhar com ela. Por exemplo, se você lhe fizer pequenos favores, ou ajudá-la minimamente, até mesmo alimentando-a, essa pessoa ficará muito feliz. Mesmo que sua forma de agradá-la não seja estritamente moral, ou seja, até desonesta, ainda assim ela ficará muito feliz. Porém, também é bastante difícil trabalhar com esse tipo de pessoa. Jamais pense que, por ter conseguido agradá-la, ela facilitará seu caminho: mesmo que você tenha se esforçado bastante e gasto muito dinheiro para suborná-la, quando realmente quiser empregar alguém, ela não arranjará um emprego para você com base em seu talento ou sua habilidade, mas exigirá a perfeição e se queixará de que você não está à altura, não acertou e todos os seus esforços terão sido em vão. Ela encontrará formas de criar dificuldades para você e de colocá-lo em situações muito constrangedoras. Trabalhar com alguém assim é muito difícil.

Alguém uma vez perguntou a Zilu: "Que tipo de homem é seu mestre Confúcio?" Zilu não respondeu. Mais tarde, Confúcio disse a Zilu: "Por que você não respondeu: 'Ele é o tipo de homem que se esquece de comer quando tenta resolver um problema que o tem distraído, que é tão cheio de alegria que se esquece de suas aflições e que não repara no começo da velhice?'"

Na realidade, esse é um retrato de Confúcio, e também do caráter moral que todos os intelectuais chineses esperavam construir.

Em sua essência, o objetivo da filosofia confuciana era ensinar aqueles que poderíamos denominar seguidores do Caminho de Confúcio. Em outras palavras, seu objetivo era educar uma classe elitista de burocratas-acadêmicos cuja missão principal era servir seu país e sua cultura.

Em seu poema "Memorial a Torre Yueyang", Fan Zhongyan descreve a essência desse papel como: "Ser o primeiro a se interessar pelas aflições do mundo e o último a se comprazer com suas alegrias." Para ele, significava esquecer totalmente os ganhos e as perdas pessoais e se absorver nos interesses da coletividade maior.

Porém, mais uma vez, vemos que essa profunda convicção e senso de responsabilidade para com a sociedade se baseiam em coisas simples e começam no aqui e agora. O ponto de partida está em cultivar a si mesmo, de modo a se tornar a melhor versão possível de quem somos.

Dessa forma, quando, como costuma acontecer, ouvimos as pessoas se queixarem de que a sociedade é injusta e que é difícil lidar com o mundo ao nosso redor, em vez de nos lamentar sobre o destino ou culpar as outras pessoas, faríamos melhor se olhássemos para dentro e nos examinássemos. Se conseguirmos compreender bem quais são os nossos limites; ser cautelosos e prudentes em nossas palavras e ações; trazer o espírito de cortesia e honradez confuciano para o mundo; e desenvolver a mente e o corpo, teremos muito menos problemas e, portanto, acabaremos por entender como ser uma boa pessoa e lidar melhor com o mundo.

Não acredito que essas ambições morais sejam meramente atitudes do passado que se podem encontrar apenas nos livros. É uma forma de vida que todos nós podemos praticar, agora, no século XXI, e podemos começar desde já. Dessa forma, a felicidade que Confúcio e seus discípulos gozaram pode ser uma fonte de felicidade para nós hoje. Essa provavelmente é a melhor lição que Confúcio *pode* nos dar e seu maior presente.

Se tivermos uma atitude otimista e positiva, além de uma compreensão adequada das fronteiras e limitações de nossos relacionamentos, poderemos nos tornar o tipo de pessoa que leva felicidade aos outros e deixar nossa felicidade ser uma fonte de energia, brilhando como o sol sobre os que nos rodeiam, levando conforto à nossa família e a nossos amigos e até mesmo, com o tempo, a toda a sociedade. Mas, como *junzi*, devemos começar com nossos amigos.

Parte quatro

O caminho da amizade

De todos os relacionamentos que temos, os nossos amigos são os que mais diretamente revelam o tipo de pessoa que somos.

Se você deseja compreender alguém, basta olhar para o círculo de amizades dessa pessoa, o qual lhe dirá quais são seus valores e prioridades — afinal, como se diz, "dize-me com quem andas e eu te direi quem és!"

Contudo, os amigos são divididos em bons e maus. O tipo correto de amigo pode ajudá-lo muito, mas o tipo ruim lhe causará muitos problemas, e pode até levá-lo para o mau caminho. Ser capaz de escolher os amigos com sabedoria é extremamente importante.

Portanto, que tipo de amigo é um bom amigo? Que tipo de amigo é um mau amigo? Como podemos fazer bons amigos?

Confúcio atribuía muita importância às influências dos amigos sobre o desenvolvimento de uma pessoa. Ele ensinava seus alunos a fazerem bons amigos e a evitarem os maus.

Ele dizia que havia três tipos de amigos neste mundo que podem nos ajudar.

O primeiro são os amigos corretos. Correto aqui significa justo, honesto e imparcial. Um amigo correto é sincero e generoso, tem um tipo de franqueza animada e transparente, sem qualquer sinal de bajulação. Seu caráter exercerá uma boa influência no seu. Ele lhe dará ânimo, quando você estiver intimidado, e determinação e decisão quando estiver hesitante.

O segundo tipo são os amigos leais e confiáveis. Esse tipo de amigo é honesto e sincero nos seus relacionamentos com os outros e nunca é falso. A associação com ele nos faz sentir calmos, tranquilos e seguros, além de purificar e elevar nosso espírito.

O terceiro tipo são os amigos bem-informados. Esse tipo de amigo tem amplos conhecimentos sobre inúmeras coisas e conhece o mundo muito bem.

O período pré-Qin (antes de 221 a.C.), durante o qual Confúcio viveu, era muito diferente do mundo de hoje, com computadores, internet, recursos de informações sofisticados e todos os tipos diferentes de mídia. Naqueles dias, o que as pessoas faziam quando desejavam ampliar sua visão de mundo? A forma mais fácil era fazer amizade com alguém bem-informado, absorvendo os livros que ele lera e toda a sua experiência direta.

Ao se sentir confuso diante de um problema, incapaz de chegar a uma decisão, o melhor a fazer é procurar um amigo bem-informado. O conhecimento abrangente e a experiência desse amigo o ajudarão a tomar uma decisão.

Os três tipos de amigos benéficos são os verdadeiros, os leais e os bem-informados.

Confúcio também disse que há três tipos de amigos ruins: "Aquele que faz amigos dos três outros tipos de pessoa se prepara para perder." Que tipo de pessoas será esse?

Ter um amigo bem-informado é como possuir uma enciclopédia imensa; podemos aprender muitas lições úteis com suas experiências.

Confúcio disse que há três tipos de maus amigos: "os bajuladores nas ações, os agradáveis na aparência e os plausíveis no discurso". E que ter esses três tipos como amigos significa "perder". Então, como podemos dizer que tipo de pessoa eles são?

Por "bajuladores nas ações", Confúcio quer dizer aduladores e lisonjeadores — puxa-sacos descarados.

Encontramos esse tipo de pessoa muitas vezes em nossa vida. Não importa o que você diga, eles sempre dirão: "Isso é brilhante"; seja o que for que você faça, sempre dirão: "Isso é incrível." Eles nunca dirão "não" para você. Pelo contrário, eles o seguirão submissamente e o imitarão, louvando-o e elogiando-o.

Esse tipo de amigo tem um talento especial para pesar suas palavras e observar suas expressões. Eles controlam a própria conduta de modo a adequá-la à ocasião, assegurando-se de que nunca farão algo que sintam que poderia desagradá-lo.

Eles são diametralmente opostos ao bom amigo correto. O coração dessas pessoas não é nem simples nem honesto, e elas não têm sentido algum de certo ou errado. Seu objetivo é fazê-lo feliz, mas apenas para que possam tirar alguma vantagem disso.

A maioria dos chineses ouviu falar do traiçoeiro ministro He Shen, um personagem no seriado de televisão *Iron Teeth, Copper Teeth*. Esse homem adula o imperador Qianlong de todas as formas possíveis. Ele é o pior tipo de bajulador e não há quase nada que não se digne a fazer. É um exemplo clássico desse tipo de mau amigo.

Um amigo como esse fará você se sentir singularmente confortável e feliz, exatamente como o imperador Qianlong no seriado de televisão; ele sabia muito bem que He

Shen aceitava subornos e pervertia a lei, mas, mesmo assim, não suportava ficar sem ele. Como Confúcio diz, fazer amizade com esse tipo de pessoa é extremamente perigoso!

Por quê?

Ao ouvir tudo que deseja ouvir e ser lisonjeado até entrar em um estado de satisfação, isso começará a subir à cabeça; seu ego se inflará de maneira incontrolável e você se tornará cegamente arrogante, só se importando consigo mesmo e com mais ninguém. Você perderá a capacidade mais básica de autoconhecimento e logo se prejudicará.

Esse tipo de amigo é um veneno lento para a alma.

O segundo amigo prejudicial é a pessoa que Confúcio chamou "o agradável na aparência" ou hipócrita.

Ele será só sorrisos e doçura para você, irradiando grande contentamento enquanto distribui elogios e bajulação; ele é precisamente o que Confúcio quer dizer com "um homem com palavras ardilosas e um rosto bajulador". Porém, pelas suas costas, espalhará rumores e calúnias maliciosas.

Frequentemente ouvimos as pessoas se queixarem: "Aquele amigo meu parecia tão generoso e amoroso; seu discurso era tão meigo; seu comportamento, tão atencioso. Acreditei que ele fosse meu melhor amigo e o mais íntimo; eu estava genuinamente empenhado em ajudá-lo; desabafei com ele; contei-lhe meus segredos mais inconfessáveis. Porém, ele me traiu; abusou de minha confiança para chegar aonde queria; começou a espalhar boatos sobre mim; revelou meus segredos; e me denegriu. E, quando o enfrentei, teve a audácia de negar tudo e simular uma inocência ofendida."

Esse tipo de pessoa é falso e hipócrita, o exato oposto da franqueza e da honestidade de um amigo leal e confiável.

Essas são as verdadeiras "pessoas vulgares" — mesquinhas e com uma sombra escura no coração.

No entanto, essas pessoas frequentemente vestem uma máscara de bondade. Por terem motivos ocultos, serão muito amigáveis com você; podem ser dez vezes mais simpáticas do que alguém sem uma intenção velada. Portanto, se você não tomar cuidado e se deixar ser usado por essa pessoa, descobrirá que colocou algemas nos próprios pulsos: esse amigo não o largará a menos que você pague um preço alto. Esse é um teste de nossa capacidade de julgamento, compreensão das pessoas e dos caminhos do mundo.

O terceiro tipo Confúcio chamou "os plausíveis no discurso", referindo-se aos falastrões e exagerados. As pessoas simples podem chamá-los de "pilantras".

Não há nada que esse tipo de pessoa não saiba, e nenhum conteúdo que não compreenda. Elas proferem uma enxurrada interminável de palavras, arrastando-o com força até que você não consiga deixar de acreditar nelas. Porém, na verdade, com exceção da tagarelice, elas não têm absolutamente nada mais.

Há uma diferença clara entre a pessoa descrita e "o bem-informado", ou seja, esse tipo de pessoa não tem talento ou conhecimentos reais. Uma pessoa com discurso plausível tem uma língua loquaz, mas nada por dentro para lhe dar respaldo.

Confúcio sempre desconfiava de pessoas loquazes e de suas palavras doces. Um *junzi* deve falar menos e fazer mais. Confúcio acreditava que não era o que a pessoa dizia que importava, mas o que fazia.

Certamente, na sociedade moderna houve uma mudança em termos de atitudes e valores: se as pessoas com talento real e conhecimentos verdadeiros não conseguirem se comunicar de forma eficaz e não expressarem suas intenções, prejudicarão sua carreira — e sua vida.

No entanto, se alguém só sabe falar e não tem qualquer capacidade genuína, isso será algo muito mais prejudicial.

> Os três amigos nocivos encontrados em *Os analectos* são amigos bajuladores, amigos hipócritas e amigos falastrões. Em hipótese alguma faça amizade com esse tipo de pessoa; caso contrário, você acabará pagando um preço alto.
>
> Porém, não está escrito no rosto da pessoa se ela é boa ou má. Como podemos fazer boas amizades e evitar os maus amigos?

Se deseja fazer bons amigos e evitar fazer más amizades, você precisa de duas qualidades: a primeira é o desejo de fazer bons amigos; a segunda é a capacidade para fazê-lo. Já vimos o quanto a "benevolência" e a "sabedoria" são importantes, e elas são significativas se desejamos fazer boas amizades. O desejo de fazer bons amigos tem origem na benevolência, e a capacidade de fazê-los, na sabedoria. Como você se lembrará, quando Fan Chi perguntou a seu mestre o que queria dizer com benevolência, ele respondeu com somente três palavras: "Amar as pessoas."

Em seguida, Fan Chi perguntou: "Então o que é essa coisa chamada sabedoria?" O mestre respondeu, novamente com apenas três palavras: "Conhecer as pessoas." Entender os outros é ser sábio.

Claramente, se desejarmos fazer bons amigos, precisamos primeiro ter um tipo de coração generoso e benevolente; estar dispostos a nos aproximar das pessoas e desejar fazer amigos; segundo, devemos ter a capacidade de distinguir. Somente dessa forma é possível fazer amigos realmente valiosos. Uma vez que tenha esse padrão básico, estará bem encaminhado para fazer amigos do melhor tipo.

De certa forma, fazer uma boa amizade é o começo de um lindo capítulo novo em nossa vida. Nossos amigos são como um espelho: ao olhá-los, podemos ver o que nos falta.

No entanto, há algumas pessoas imprudentes que passam quase todo o tempo com amigos, mas nunca parecem ser capazes de fazer essas comparações.

Darei um exemplo perfeito de alguém assim. O volume 62 da grande história da China, *Records of the Great Historian*, nos conta a história de Yanzi, o famoso primeiro-ministro do Reino de Qi.

Como todos na China sabem, Yanzi era baixo, tinha membros curtos e grossos, um rosto comum e traços bastante grosseiros. Porém, tinha um cocheiro muito bonito, alto e atlético.

> Confúcio disse: "Beneficia-se aquele que faz amizade
> com três tipos de pessoas. Igualmente, prejudica-
> se aquele que faz amizade com outros três tipos de
> pessoa. Fazer amizade com os retos, com aqueles que
> são fiéis às próprias palavras e com os bem-informados
> é beneficiar-se. Fazer amizade com aqueles que são
> subservientes em suas ações, agradáveis na aparência
> e eloquentes no discurso é prejudicar-se."

Ironicamente, esse cocheiro considerava esplêndido dirigir a carruagem do primeiro-ministro do Reino de Qi. Orgulhava-se muito de seu emprego: todos os dias sentava-se na parte da frente da carruagem, chicoteando os cavalos altos, enquanto Yanzi tinha de sentar-se atrás, na parte coberta. Ele achava que seu emprego de cocheiro era simplesmente o máximo!

Um dia, o cocheiro chegou em casa e encontrou a esposa fazendo as malas, chorando copiosamente. Ele perguntou surpreso: "O que está fazendo?" A esposa respondeu: "Não aguento mais, estou indo embora. Tenho vergonha de viver com você."

O cocheiro ficou surpreso: "Mas você não me acha esplêndido?" A esposa revidou: "O que você *acha* que significa ser esplêndido? Olhe para Yan Ying, um homem talentoso que manda em todo o país, mas é modesto, senta na carruagem sem o mínimo espalhafato ou ostentação. Você é apenas um condutor, porém se acha tão esplêndido e se empertiga com uma expressão arrogante no rosto! Você passa o dia inteiro com um homem como Yan Ying, mas não tem o talento para aprender nada com ele, para refletir sobre si mesmo — isso é o que me fez desistir de você. Viver com você é o que há de mais vergonhoso em minha vida."

Mais tarde, Yan Ying acabou tomando conhecimento do que acontecera e disse a seu condutor: "Uma vez que sua esposa é tão boa, vou lhe dar uma posição melhor." E promoveu o cocheiro.

Essa história nos conta que todas as pessoas ao nosso redor, suas formas de viver e suas atitudes para com o mundo podem se tornar um espelho para nós. O segredo é manter os pés no chão.

Os amigos benéficos, os quais Confúcio aprovava, são os úteis. Porém, por útil não queremos dizer que esse amigo será capaz de ajudar você a se dar bem no mundo; pelo contrário, Confúcio nunca defendeu buscar amizade com pessoas ricas ou poderosas. Em vez disso, dava preferência a pessoas que pudessem aperfeiçoar seu caráter moral, aumentar seu autoaperfeiçoamento e enriquecer seu eu interior

Na literatura chinesa clássica, existe uma escola de poesia pastoral. Os poetas dessa escola eram notáveis por seu desejo de se retirar da sociedade, viver na reclusão e comungar com o mundo natural, e o trabalho deles valoriza as alegrias da natureza e de uma vida simples e rural.

Então, onde podemos encontrar essa comunhão com a natureza? Não é no interior das montanhas ou nas florestas ermas, mas na vida real. Alguém já disse que "é mais fácil encontrar a solidão no mercado do que no deserto". Somente um recluso que ainda não melhorou sua capacidade de se aperfeiçoar se esconderia em uma montanha e afetadamente construiria uma casa de campo isolada; um eremita verdadeiro não tem necessidade de se afastar da sociedade mundana, mas pode viver no coração de uma cidade barulhenta, agitada, fazendo coisas nem um pouco diferentes de todas as outras pessoas, e diferenciando-se delas somente por determinada calma e estabilidade interiores.

Todos na China conhecem Tao Yuanming, um dos primeiros reclusos que, como vimos na Parte Um, nunca se dispunha a fazer concessões com relação a seus ideais e se tornou o fundador da escola pastoral de poesia. Tao Yuanming viveu em circunstâncias bastante carentes, mas tinha uma vida muito feliz. As *Southern Histories* nos contam que Tao Yuanming não conhecia a música, mas tinha uma cítara. Essa cítara era apenas uma prancha de madeira e nem ao menos tinha cordas. Todas as vezes que convidava os amigos para sua casa, batia no pedaço de madeira, dizendo que estava tocando a cítara, e despejava todo o coração na música, às vezes tocando por horas até chorar em voz alta. E, todas as vezes que fazia isso, os amigos, que realmente compreendiam a música, também ficavam visivelmente comovidos. Tao Yuanming tocava a música de sua alma na cítara sem cordas, enquanto seus amigos bebiam vinho e conversavam alegremente entre eles. Mais tarde, ele dizia: "Estou bêbado

> **Faça amigos que sejam alegres e possam ter prazer em sua vida do jeito que ela é agora.**

e quero dormir, vocês podem ir embora." Os amigos partiam sem qualquer discussão e continuavam a se encontrar em ocasiões semelhantes posteriormente. Amigos como esses são verdadeiros amigos, porque suas almas compartilham a compreensão tácita. E esse tipo de vida é verdadeiramente feliz.

Certa vez, li um ensaio literário de um escritor famoso de Taiwan, Lin Qingxuan, sobre um amigo que lhe pedira uma mensagem escrita à mão para pendurar em seu escritório. O amigo disse-lhe: "Escreva-me algo que seja extremamente simples, mas que será útil para mim ao vê-lo todos os dias." Ele pensou por um longo tempo, e escreveu apenas quatro ideogramas chineses: "Pense frequentemente em Um e Dois." O amigo não entendeu e perguntou o que isso significava. Lin Qingxuan respondeu: "Todos nós conhecemos o ditado 'De dez coisas no mundo, oito ou nove não sairão como desejamos; e há apenas um punhado de pessoas com quem consigo me comunicar.' Supondo que aceitemos isso, ainda haverá pelo menos uma ou duas coisas em dez que *de fato* sairão como desejamos. Não posso ajudá-lo muito, tudo que posso fazer é dizer-lhe para pensar naquelas 'uma ou duas' coisas, direcionar sua mente para as coisas felizes, ampliar a luz da felicidade e manter acuada a tristeza em seu coração. Como amigo, isso é o melhor que posso fazer por você."

Há uma fábula ocidental sobre um rei que levava uma vida de luxo e esplendor, repleta de vinho, mulheres, música e aventuras; tudo de mais belo e precioso no mundo estava disponível ao seu comando, mas, ainda assim, ele não era feliz. Nem mesmo sabia o que o faria feliz, portanto, mandou os criados chamarem seu médico particular.

O médico o examinou por um longo tempo e, em seguida, prescreveu a cura: "Faça seus homens vasculharem o reino inteiro até encontrar a pessoa mais feliz. Vista a camisa dele, e ela o fará feliz."

Então, o rei mandou seus ministros procurarem por aquela pessoa e, finalmente, eles encontraram um homem genuinamente feliz — na verdade, incuravelmente feliz. Porém, os ministros reportaram que não foram capazes de trazer a camisa do homem para o rei vestir.

O rei disse: "Como assim? Vocês precisam me trazer essa camisa!"

Os ministros responderam: "Aquele homem é um mendigo e sempre vagueia por aí com o peito desnudo — ele nem mesmo possui uma camisa."

Isso nos faz lembrar que, na vida, a verdadeira felicidade é a felicidade da alma, e que esta não tem necessariamente uma conexão fortíssima com as condições externas da vida material. Confúcio viveu em uma época de pobreza material muito grande e, em seu tempo, a força da verdadeira felicidade derivava de uma vida espiritual rica, de um comportamento correto e de ambições e desejos, mas também de bons amigos que aprendiam uns com os outros.

Tudo que carece de proporção ou limite apropriados neste mundo acabará por ir longe demais, o que, como sabemos, é tão ruim quanto não ir longe o suficiente. Da mesma forma, ao lidarmos com amigos, precisamos prestar atenção aos limites. Por exemplo, quando você faz amizade com um *junzi*, é preciso saber quando falar e quando não falar, e reconhecer até onde pode ir.

> Além de entender o que representa um bom amigo, precisamos também saber como nos darmos bem com ele. Ter um bom amigo implica que devemos ficar permanentemente juntos? Na China, dizemos com frequência que duas pessoas muito próximas vestem apenas um par de calças. Porém, esse grau de aproximação é apropriado entre amigos?

Confúcio disse: "Na presença de um cavalheiro, corre-se o risco de cometer três erros. Dirigir a palavra antes que a palavra lhe tenha sido dirigida é algo temerário; não dirigir a palavra quando a palavra lhe foi dirigida é ser evasivo; falar sem observar a expressão na face do cavalheiro é ser cego." (*Os analectos*, XVI).

Levantar-se de repente e declarar suas opiniões antes de a conversa ter tido a oportunidade de evoluir é uma atitude imprudente e insensível, o que não é bom. Todos nós temos interesses específicos, mas você deve esperar até que o momento seja propício, quando seu tema escolhido se tornou o foco de atenção geral e todos estiverem esperando ouvir a respeito, e somente então, e sem afobação indevida, dizer o que deseja.

Muitas pessoas agora têm os próprios blogs, ou usam sites da internet nos quais se abrem sem pudores a todos. Porém, no passado, esses blogs não existiam, e todo mundo dependia da palavra falada para compreender uns aos outros e para se comunicar. Ao nos reunirmos com amigos, sempre há pessoas que falam sem parar sobre si mesmas: jogava golfe outro dia; acabo de ser promovido, e assim por diante. Ou quando algumas mulheres se juntam, pode haver uma que se apresse a nos brindar com detalhes infindáveis sobre o marido e os filhos. Certamente, ela deseja muito falar sobre todos esses assuntos, mas todos estão interessados neles? Ou seja, enquanto ela é a única que fala, acaba com os direitos dos outros de escolher um tópico. Intrometer-se e insistir em falar antes de o momento certo chegar certamente não é bom.

Porém, há outro extremo: "Não falar quando alguém está falando com você." Confúcio chamou isso de "ser evasivo".

Em outras palavras, a conversa chegou naturalmente a um ponto em que você deveria ser quem a levaria adiante, mas não toma a iniciativa e se recusa a dizer tudo que pensa. Esse tipo de amigo faz com que todo mundo se sinta excluído. Uma vez que o tópico chegou a esse ponto, por que não dizer algo? Trata-se de autoproteção? Você está se reservando deliberadamente? Ou tentando estimular nosso apetite? Em resumo, manter-se em silêncio quando deveria falar não é bom.

O terceiro tipo de situação é caracterizado por Confúcio como "falar sem observar a expressão na face do interlocutor é ser cego", o que chamaríamos hoje de incapacidade de ler as pessoas.

"Cego" nesse contexto é uma grande crítica. Uma pessoa que se levanta para falar sem observar a expressão nas faces alheias é um analfabeto social. Você deve tomar cuidado para compreender a pessoa com quem está falando, deve olhar para ela para saber quais palavras podem ser ditas e o que é melhor deixar por dizer. Esse é o respeito cuidadoso que sempre deve existir entre amigos.

E não apenas entre amigos. Determinadas questões dolorosas devem ser cuidadosamente evitadas até mesmo entre marido e mulher e entre pais e filhos. A vida de todo adulto contém tanto triunfos quanto desgraças particulares. Portanto, um amigo verdadeiro não deve tocar levianamente nas dores particulares do outro, e para isso, é preciso ser capaz de ler as pessoas. Certamente, isso não significa se dobrar humilhado às preferências dos outros. Ao contrário, isso cria uma atmosfera pacífica e amigável entre você e seus amigos, para que possam se comunicar livremente.

Há um exemplo bem conhecido.

A atriz Viven Leigh ficou famosa por causa do filme hollywoodiano *E o vento levou*, o qual ganhou dez Oscar. Esse filme tornou-se um sucesso imediato e, no auge de sua fama, ela viajou pela Europa pela primeira vez. A todos os lugares aonde ia, milhares de jornalistas se aglomeravam ansiosos assim que o avião de Leigh tocava na pista de pouso.

Porém, um jornalista que não tinha a capacidade de ler pessoas, abriu caminho até a frente e, ansiosamente, dirigiu uma pergunta a Leigh, que acabara de descer: "Digame, senhora, que papel representou nesse filme?" Ao ouvir essa pergunta, Leigh se virou abruptamente, voltou para o avião e se recusou a sair de novo.

Fazer uma pergunta desse tipo em uma situação sobre a qual você nada sabe é diferente de ser cego?

Além disso, ao oferecer conselhos a amigos, ou ao lhes dar avisos, mesmo que suas intenções sejam boas, você precisa ser capaz de compreender até onde pode ir.

Confúcio disse para Zigong que, ao dar conselhos: "Aconselhe-os o melhor que puder e guie-os corretamente, mas pare quando não houver esperança de sucesso. Não peça para ser rejeitado." (*Os analectos*, xii). Isto é, você não precisa necessariamente funcionar como uma dose de remédio amargo; não tem de dar uma bofetada na cara deles ou gritar nos seus ouvidos. É perfeitamente possível dizer o que precisa ser dito de forma agradável, porém persuasiva. Isso significa "guiá-los corretamente". Se você não consegue fazer com que o entendam, deixe como está. Não espere até que percam a paciência com você e não procure causar constrangimento.

Seja o que for que faça, não é possível simplesmente obrigar as pessoas a fazerem o que você diz. Hoje, nem mesmo as mães podem esperar isso dos filhos. Todo indivíduo merece respeito, e os amigos particularmente devem manter o respeito mútuo. Dê-lhes o conselho correto ou um aviso apropriado, cumpra com sua obrigação e nada mais; é para isso que servem os bons amigos.

> **As pessoas fazem amizades distintas em etapas diferentes da vida.**
>
> **Como fazemos as amizades mais apropriadas para nós em cada etapa?**

Confúcio disse que os 70 ou 80 anos de vida humana parecem ser um tempo longo, mas esses anos podem ser divididos em três etapas distintas: juventude, maturidade e velhice. Em cada etapa, há coisas que demandam cuidado especial, as quais, por vezes, chamamos de armadilhas. Se você conseguir passar por todas as três, não encontrará nenhum outro obstáculo sério na vida. E, para superá-las, não podemos abrir mão da ajuda de nossos amigos.

Confúcio ensinou: "Na juventude, quando o sangue e o *qi*, ou a força vital, ainda estão irrequietos, deve-se prevenir contra a atração da beleza feminina." As pessoas jovens são muito propensas ao comportamento impulsivo e deveriam evitar as dificuldades românticas. Com frequência, vemos alunos do ensino médio e universitários perturbados por problemas emocionais. Nessa época da vida, um bom amigo age como um observador, que enxerga tudo de forma mais objetiva e clara, podendo, portanto, oferecer soluções para os problemas complicados dos quais não conseguimos nos desvencilhar.

Quando essa armadilha for superada, chegaremos à meia-idade. Sobre essa etapa, Confúcio disse: "Quando o sangue e o *qi* se tornaram inflexíveis, deve-se prevenir contra a agressividade."

Quando as pessoas alcançam a meia-idade, sua vida familiar está estabilizada e sua carreira, estabelecida, o que então está mais presente na mente deles nesse momento? O desejo de abrir espaço para si mesmo, expandir os domínios. No entanto, isso tudo tende a causar contradições e conflitos com outros, e ambos os lados podem muito bem sair prejudicados. Então, Confúcio nos advertiu de que o mais importante para as pessoas na meia-idade é a cautela para não se envolverem em conflitos. Em vez de brigar com outras pessoas, é melhor lutar consigo mesmo e tentar encontrar formas de melhorar. Se, ao final, você perder aquela promoção, deve perguntar a si mesmo se a razão não seria sua capacidade de ter feito, de alguma forma, melhor.

Nesse período, portanto, você deve fazer amizades com pessoas calmas e práticas. Elas o ajudarão a ter uma visão de longo prazo sobre as vitórias e derrotas temporárias, superar as tentações das coisas materiais, obter conforto espiritual e encontrar um lugar de repouso e trégua para a alma.

Porém, com que devemos tomar cuidado quando chegarmos aos nossos últimos anos? Segundo Confúcio: "Quando o sangue e o *qi* decaírem, deve-se prevenir contra o consumismo."

Na velhice, a mente das pessoas mostra a tendência a diminuir de velocidade e a se tornar mais tranquila. O filósofo Bertrand Russell comparou essa etapa a um rio correndo rapidamente e que se precipita impetuoso pelas montanhas, mas, quando finalmente se junta ao mar, torna-se calmo, amplo e plácido. Nessa etapa da vida, as pessoas deveriam ter aprendido a como lidar com os bens e as realizações de maneira ajuizada.

Quando jovens, temos uma vida de somas, mas, após alcançarmos determinado ponto, temos de aprender a viver com as subtrações.

A sociedade lhe proporciona amizades, dinheiro, laços humanos e realizações, mas, ao chegar à velhice, você terá adquirido um grande número de coisas, da mesma forma que uma casa gradualmente se enche de objetos acumulados. Se seu coração se tornar atravancado com coisas adquiridas, esses bens acabarão o atrapalhando.

Sobre o que nossos amigos mais velhos falam ao se reunirem? Durante boa parte do tempo, reclamam. Eles se queixam de que os filhos não têm tempo para eles, dizendo: "Trabalhei tanto para criá-los — fiz tudo por eles, troquei suas fraldas —, mas agora eles estão ocupados, nem têm tempo para uma visita rápida." Eles se queixam da injustiça da sociedade: "Nos meus dias, estávamos ocupados fazendo a revolução, e tudo que recebíamos era algumas dezenas de *yuan* (moeda chinesa) por mês — agora olhem para minha neta, ela acaba de começar a trabalhar para uma empresa estrangeira e já ganha 3 ou 4 mil *yuan*. Isso é justo com as pessoas como nós, que trabalhamos tão arduamente?"

Em vez de lutar com os outros, é melhor lutar consigo, e tentar encontrar formas de se desenvolver.

Se você continuar falando coisas desse tipo, então aquilo em que você deveria encontrar prazer se tornará doloroso, um fardo oculto que o puxa para baixo. Nesse momento, você precisa de amigos para ajudá-lo a ficar de bem com a vida e para aprender a abrir mão das coisas, para que você possa deixar essas contrariedades e frustrações para trás.

Um aspecto que podemos observar ao fazermos uma leitura atenta de *Os analectos* é que não há, na realidade, muitos exemplos relativos à amizade em si, mas que a escolha dos amigos representa a escolha de uma forma de vida.

O tipo de amizade que fazemos dependerá primeiro de nossa sabedoria espiritual e de nosso autoaperfeiçoamento; depois, de nosso círculo específico de amigos e de esses amigos serem prejudiciais ou benéficos para nossa vida.

Em resumo, uma vez que tenhamos nos concentrado em nosso coração, em nossa alma e naqueles que nos cercam, devemos nos preocupar com quais objetivos precisamos estabelecer ao longo do caminho pela vida.

Parte cinco

O caminho da ambição

Ser a melhor pessoa que podemos ser; ter uma família bem-ajustada; ser útil para nosso país; levar paz para o mundo: essas deveriam ser nossas aspirações.

Quando Confúcio discutia a ambição com seus alunos, não sugeria que, quanto maior a ambição, melhor. O que realmente importa é que você tenha firmeza de propósito e se mantenha fiel às suas convicções interiores.

Sejam seus objetivos grandes ou pequenos, a base para realizá-los consiste em encontrar o que está mais próximo de seu coração. Permitir que ele o guie sempre é mais importante do que buscar as realizações externas.

Como deveríamos entender a ambição hoje? Há um conflito entre as atitudes de Confúcio e nossos objetivos modernos?

Confúcio disse: "É possível privar os Três Exércitos do seu comandante, mas nem mesmo um homem comum pode ser privado do seu livre-arbítrio." (*Os analectos*, IX). Isso é frequentemente citado e nos informa que os objetivos de uma pessoa são da mais alta importância, pois determinam o desenvolvimento e a direção de toda a sua vida.

Portanto, quando Confúcio ensinava, frequentemente fazia seus alunos falarem sobre as próprias ambições. O nono capítulo de *Os analectos* contém um dos poucos trechos relativamente longos, chamado "Sentar em serviço", e refere-se a uma discussão espontânea e franca entre Confúcio e seus discípulos sobre a questão da ambição.

Um dia, quatro discípulos de Confúcio — Zilu, Zeng Dian, Ran Qiu e Gongxi Chi — estavam sentados com seu mestre. Confúcio falava para eles muito informalmente: "Por ser um pouco mais velho do que vocês, ninguém deseja me dar um cargo oficial. Com frequência ouço vocês dizerem: 'Ninguém entende minha ambição!' Agora, suponham que há alguém que compreende vocês e planejou empregá-los, o que vocês fariam?"

Zilu tinha um temperamento impetuoso. Ao ouvir seu mestre perguntar isso, instantaneamente respondeu: "Dê-me um reino de porte médio com mil carruagens de guerra, situado entre dois reinos maiores, ameaçado pela invasão estrangeira e, internamente, pela carência de comida. Se me for permitido administrá-lo, em menos de três anos inspirarei a população inteira, e as pessoas simples terão entendido o significado da moralidade."

Podemos considerar a ambição de Zilu muito impressionante, e seria possível pensar que um mestre como Confúcio, que valorizava tanto o ato de governar o país com base nos próprios princípios de rituais e no autoaperfeiçoamento, teria ficado satisfeito em ver um de seus alunos alcançar tal sucesso e salvar uma nação do perigo. Zilu esperava que a reação de Confúcio fosse não apenas neutra, mas até mesmo um pouco desdenhosa. "O mestre sorriu para ele." Riu rápida e friamente, sem dar uma resposta direta, e depois continuou perguntando ao segundo aluno: "Ran Qiu, qual é a sua ambição?"

A resposta de Ran Qiu foi notavelmente mais modesta que a de Zilu. Ele não se atreveu a mencionar um Estado tão grande, ou tantas questões. "Se houver um Estado pequeno de 60 ou 70 léguas quadradas, ou 50 ou 60 léguas quadradas, para eu governar, então, após três anos, eu poderia dar ao povo comida suficiente e roupas. Com relação ao governo esclarecido, aos ritos, à música e à filosofia, esses terão de obedecer a um sábio ou a um *junzi*." Ele quis dizer que, no nível material, poderia enriquecer as pessoas e dar-lhes tudo de que precisassem, mas, com relação à crença na nação e a trazer prosperidade por meio de rituais e da música, isso estava fora de seu alcance. Melhor esperar por um *junzi* mais sábio do que ele.

Ao terminar, seu mestre, como antes, não lhe deu uma resposta direta. Confúcio então prosseguiu e perguntou ao terceiro aluno: "Gongxi Chi! Qual é a sua ambição?"

Gongxi Chi mostrou um grau adicional de modéstia. Respondeu: "Não digo que já tenho a capacidade, mas estou disposto a aprender." Primeiro, afirmou sua atitude: não fazia reivindicações para si mesmo, mas, uma vez que o mestre lhe perguntara, tudo que poderia dizer é que estava ávido por aprender. Em seguida, disse que gostaria de vestir a túnica e o capuz inerentes a um cargo oficial, para ser um oficiante menor nos rituais oficiais do Estado, ou um funcionário menor em reuniões com soberanos e ministros estrangeiros. Ele não mencionou governar uma nação ou seu povo de forma alguma.

Você terá observado que cada um dos três alunos de Confúcio foi mais modesto que o último; cada um, mais moderado que o último; cada um, mais próximo do ponto de partida da própria vida e mais distante de seus objetivos fundamentais.

Hoje, o fundamento mais importante no desenvolvimento de uma pessoa, com frequência, não é o tamanho de suas ambições principais, mas as bases que possuem no momento atual. Muitas vezes, grandes planos e aspirações não faltam, mas carecemos de uma estrada prática para nos conduzir a nossos desejos, um passo por vez.

Naquele ponto, apenas um aluno ainda não havia falado, então Confúcio perguntou novamente: "Dian, e você?"

Zeng Dian não respondeu de imediato. A linguagem usada aqui descreve esse momento vividamente em apenas três caracteres, 鼓瑟希, descrevendo o som de uma explosão de música que lentamente se dissipa: até aquele momento, sua atenção ficara completamente concentrada no alaúde de cinquenta cordas que tocava. Ao ouvir seu mestre fazer-lhe a pergunta, deixou o som do alaúde gradualmente se dissipar e, então, com um acorde final, encerrou a melodia. Lentamente e sem pressa, Zeng Dian "colocou de lado o alaúde e se levantou".

> Não temos necessidade de ambições grandes e abrangentes, mas carecemos de uma estrada apropriada que nos conduza a elas.

As pessoas sentavam no chão naqueles dias e, quando os alunos ouviam um mestre ou quando conversavam, se ajoelhavam, sentando nos calcanhares, mas tinham de ficar de pé quando respondiam ao mestre, para demonstrar respeito. Zeng Dian colocou o alaúde de lado e, então, de forma educada, levantou-se e respondeu a seu professor.

A partir dessas poucas palavras, podemos ver que Zeng Dian era um tipo de pessoa calma e controlada; ele não respondeu de forma imediata e impetuosa como Zilu, mas, ao contrário, falou prazerosa e persuasivamente, tendo pensado em tudo antecipadamente. Primeiro, solicitou a opinião do mestre, dizendo: "Minha ambição não é a mesma dos meus três colegas de classe. Posso falar sobre ela?" O mestre disse: "O que importa? Desejo apenas que todos aqui falem sobre suas ambições."

Somente então foi que Zeng Dian calmamente começou. Ele disse: "Minha ambição é, ao final da primavera, no terceiro mês do calendário lunar [abril ou maio no calendário ocidental], vestir roupas de primavera novinhas, e, na estação, quando tudo estiver em floração e toda a natureza tiver voltado à vida, ir com alguns amigos e um grupo de crianças nos banhar juntos nas águas do rio Yi, então livre do gelo do inverno. Uma vez que estejamos perfeitamente limpos, vamos nos expor ao sol na brisa da primavera no Altar da Chuva, às margens do rio Yi, deixando-a soprar em nós e se tornar um de nós, para saudar a estação da vida e da vitalidade, juntamente com os céus e a terra, desfrutando de um rito do espírito. Quando esse rito estiver completo, todos retornarão para casa felizes, entoando canções. Isso é tudo o que desejo."

Ao ouvir isso, Confúcio soltou um longo suspiro e disse: "Estou com Dian!" Isso quer dizer, a ambição de Confúcio era igual à de Zeng Dian. Essas foram as únicas palavras de ponderação que Confúcio pronunciou durante toda a discussão.

Após cada um ter falado sobre sua ambição, os três alunos partiram. Zeng Dian não partiu imediatamente, mas perguntou ao mestre: "Qual é sua opinião sobre o que aqueles três disseram?"

Primeiro, Confúcio, engenhosamente, se desviou da pergunta, respondendo: "Eles estavam falando apenas das próprias ambições, isso é tudo."

Porém, Zeng Dian perguntou: "Então, por que o senhor riu quando Zilu terminou seu discurso?"

Uma vez que a pergunta fora feita, era impossível não responder. Confúcio disse: "Um Estado é administrado por ritos, mas, da forma que ele falou, Zilu mostrou falta de modéstia. Foi por isso que sorri para ele. A cortesia é essencial para governar uma nação, mas as palavras de Zilu foram totalmente desprovidas de modéstia, então eu ri dele. O que ele queria dizer era que, se você deseja governar uma nação por meio da cortesia e dos ritos, deve primeiro ter compaixão, delicadeza e certo grau de deferência. Isso é o ponto de partida. Você viu como Zilu respondeu apressadamente, intrometendo-se para ser o primeiro a falar. Isso mostra que lhe falta a deferência apropriada."

Prosseguindo a partir daí, Zeng Dian voltou a perguntar: "Mas Ran Qiu não desejava governar uma nação? Então por que o senhor não riu dele?"

Confúcio disse: "Mas um Estado de 50 ou 60 léguas quadradas, ou menos, ainda assim é um Estado, seguramente?"

Zeng Dian perguntou de novo: "E Gongxi Chi não estava falando sobre governar uma nação também? Como pode o senhor não ter rido dele?"

Confúcio disse: "Se você tem um templo e reuniões entre governantes das nações, se isso não é governar um país, então o que é? Se até mesmo alguém tão versado nos ritos quanto Gongxi Chi diz que deseja ser um oficiante menor, quem é bom o suficiente para ser o mestre de cerimônias?"

O que Confúcio queria dizer era que não riu de Zilu por achar que a este faltava talento para governar um Estado, mas pelo conteúdo de seu discurso e por sua falta de modéstia. A questão não é se a área governada é grande ou pequena, ou se é um reino ou não; a questão reside na atitude de cada aluno. Por Ran Qiu e Gongxi Chi terem atitudes modestas e capacidade genuína, Confúcio não rira deles.

Como vimos, Confúcio não respeitava os que mostravam vanglórias sem fundamento. Como disse: "É raro, de fato, que um homem com palavras ardilosas e um rosto bajulador seja benevolente (*Os analectos*, I). Ele defendia que o verdadeiro *junzi* deveria ser "suave no falar mas rápido no agir" (*Os analectos*, IV): superficialmente, então, um *junzi* pode não parecer muito impressionante, mas seu coração espiritual é infinitamente forte, decidido e leal.

Segundo um provérbio antigo, há três coisas que nunca podemos recuperar: uma flecha atirada, uma palavra dita e uma oportunidade perdida. As palavras, uma vez ditas, são tão difíceis de recuperar quanto a água derramada de um jarro, portanto um verdadeiro *junzi* sempre faz as coisas primeiro, depois fala sobre elas.

Confúcio disse: "O cavalheiro [*junzi*] tem vergonha de que suas palavras sejam mais ambiciosas que suas ações." (*Os analectos*, XIV) Na China, até hoje falamos sobre "as palavras que excedem os feitos" de alguém. Um *junzi* fica envergonhado se suas palavras são mais ambiciosas que suas ações.

Um *junzi* não fala sobre o que deseja fazer ou sobre os objetivos que deseja alcançar; um *junzi* sempre espera até que tenha concluído aquilo que se determinou a fazer antes de mencioná-lo casualmente durante uma conversa. É isso que se quer dizer por "ele coloca suas palavras em ação e só então permite que as palavras sigam-lhe a ação" (*Os analectos*, II).

Há outra questão em jogo aqui: uma vez que Confúcio não discordou das ambições de Zilu, Ran Qiu e Gongxi Chi, por que só encorajou entusiasmadamente Zeng Dian? O que podemos entender do apoio de Confúcio a Zeng Dian?

O grande estudioso confuciano da dinastia Song, Zhu Xi, tem uma leitura definitiva sobre essa discussão. Ele disse que a ambição de Zeng Dian se resume a não mais do que "Ao ficar contente com o lugar em que estou agora e com meus deveres diários, não tenho intenção de me sacrificar por causa de outros."

A vida de Zeng Dian consistia de atividades cotidianas corriqueiras e ele não tinha grandes desejos de se sacrificar pelos outros, mas tinha um coração rico e pleno de bom-senso. Para ele, o aperfeiçoamento do próprio caráter era um ponto de partida essencial, e sua ambição era ver toda a natureza no lugar apropriado. Isso significa que suas realizações profissionais também estariam em um nível mais elevado do que os dos outros três, cujas ambições eram puramente profissionais.

Isso é o que Confúcio queria dizer ao enunciar "O *junzi* não é um pote." Um verdadeiro *junzi* nunca tenta usar as realizações profissionais para obter uma posição social melhor. Ao contrário, o *junzi* inevitavelmente encara o autoaperfeiçoamento como um ponto de partida; você deve desejar começar com as coisas mais próximas e com a perfeição do seu coração espiritual.

Na visão de Confúcio, a responsabilidade social do *junzi* toma a forma do idealismo, a qual é um estado mais elevado do que o profissionalismo. O *junzi* nunca fica confinado a determinada profissão. Como ele disse: "O *junzi* não é um pote". (*Os analectos*, II). Um pote, nesse contexto, significa alguém que alcança o padrão desejado e obedece às regras, fazendo o trabalho exigido, e nada mais.

A força de Confúcio é para sempre a força da ação, e não a força das palavras.

Devemos sempre nos lembrar de que os seres humanos são criaturas estranhas; nossos pensamentos determinam nossas ações, o que equivale a dizer, como vimos, que nossas atitudes determinam tudo. O que cada um de nós faz na sociedade todos os dias é, em geral, semelhante, mas todos nós temos uma explicação diferente para fazê-lo.

Certa vez, li um livro sobre um reformista religioso do século XV, no qual conta uma história de sua juventude. Essa história viria a mudar toda a sua vida.

Ele escreveu que um dia passava por um canteiro de construção imenso debaixo de um sol escaldante, cheio de homens carregando tijolos, todos ensopados de suor.

Ele se dirigiu ao primeiro homem e perguntou: "O que você está fazendo?"

O homem respondeu de uma forma muito segura: "Você não vê? É um trabalho duro, carrego tijolos!"

O escritor fez a pergunta para uma segunda pessoa. A atitude daquele homem foi muito mais plácida do que a do primeiro: ele empilhou os tijolos que carregava em uma pilha bem-arrumada, passou os olhos por eles e, em seguida, disse: "Estou construindo um muro."

Em seguida, perguntou a uma terceira pessoa. Havia um tipo de ardor animado e amável no homem ao colocar os tiiolos que carregava no chão, levantar a cabeça, limpar o suor e dizer com muito orgulho: "Você está perguntando para mim? Estamos construindo uma *igreja*."

Podemos ver que o que as três pessoas faziam era a mesma coisa, mas as explicações que deram para suas ações foram completamente diferentes.

À atitude do primeiro homem, chamamos pessimista. Ele considerava tudo que fazemos apenas mais um fardo em uma vida de trabalho árduo, concentrando-se nas dificuldades do momento (que, a bem da verdade, certamente existem).

A atitude do segundo homem é a que chamamos de profissionalismo. Ele sabia que estava construindo um muro, que esse muro era parte de um conjunto maior, e que tinha de dar o melhor de si e fazer jus a seu salário. Era sua obrigação profissional, e sua atitude está bem de acordo com o padrão do profissionalismo. Esse é o estado a que Confúcio chama "ser um pote" e, como pote, ele era mais do que adequado. Porém, ele não tinha qualquer ambição maior.

Chamo o terceiro tipo de atitude de idealista. Isso significa que ele enxerga cada tijolo e cada gota de suor na frente dele naquele momento e sabe que tudo isso está direcionado para a criação de um lugar sagrado, uma igreja. Ele sabe que todo passo que dá tem valor e qual será o resultado final de todo o seu trabalho árduo. Naquele momento, ele trabalha como mais do que um pote. O que faz está ligado à nossa vida, aos nossos sonhos, à possibilidade de finalmente construirmos uma igreja. E, ao mesmo tempo, por estar imerso no sonho de uma igreja, ele vai além do sucesso individual para alcançar algo muito maior.

O papel de um *junzi* na sociedade se adapta ao contexto e muda com o passar do tempo. Não são as ações de um *junzi* que importam, mas os motivos por trás delas. O *junzi* é a consciência de uma sociedade. Porém ser um *junzi* é algo que todos podem alcançar. Esse sonho, esse objetivo, é difícil e abrangente, mas não está fora de nosso alcance, na realidade, ele existe no aqui e agora, no coração espiritual de cada um de nós.

> Cada um de nós tem os próprios objetivos, mas, em meio aos apressados ciclos e ritmos de trabalho intermináveis, quanto tempo e espaço temos para prestar atenção ao nosso coração espiritual? A parte de nós que se apresenta em um papel social é claramente visível, mas, com frequência, abafamos a voz de nosso espírito.

Uma vez, li um conto sobre um homem que estava muito infeliz com sua vida. Ele suspeitava tratar-se dos primeiros sintomas da depressão, então foi consultar um psiquiatra.

Ele disse ao médico: "Todos os dias, ao sair do trabalho, tenho muito medo de voltar para casa. Enquanto estou trabalhando, tudo é normal, mas, assim que chego em casa, fico cheio de dúvidas e medos. Não sei qual é a verdadeira ambição de meu coração; não sei que escolhas devo fazer. À medida que a noite vai se aproximando, meus temores pioram ainda mais e a pressão fica cada vez mais intensa. Frequentemente, não consigo dormir um minuto sequer a noite inteira. Porém, no dia seguinte, quando vou para o trabalho, pela manhã, e assumo minha identidade profissional, meus sintomas desaparecem. Se isso continuar por muito mais tempo, temo enlouquecer."

Após escutar o que ele falara, o médico deu a seguinte sugestão: "Há um comediante famoso em nossa cidade, ele é um artista fantástico, todos que o veem morrem de rir e esquecem todos os problemas. Para começar, por que você não tenta ir a um desses espetáculos? Depois disso, podemos conversar novamente, para ver se ele o ajudou de alguma forma. Então, discutiremos um plano de ação."

Depois de ouvir isso, o homem não falou por um longo tempo. Quando finalmente levantou o rosto para olhar para o médico, estava lavado de lágrimas. Muito emocionado para falar, disse: "Sou esse comediante."

Essa é apenas uma fábula, mas é o tipo de coisa que pode muito facilmente ocorrer na vida contemporânea. Pense a respeito: quando uma pessoa se acostuma a um papel e o desempenha com alegria, acreditando que ele é sua ambição e um sinal de sucesso profissional, quanto espaço fica livre para os desejos espirituais? Quanto espaço excluímos de nossos papéis para que possamos verdadeiramente conhecer nossos corações? Isso se

> **O sucesso na vida profissional não é necessariamente a verdadeira ambição do coração**

encontra na raiz do pânico e da desorientação que muitas pessoas vivem quando saem de seus papéis profissionais.

Há outra pequena história interessante.

Uma vez, havia três pequenos camundongos correndo entre os campos, ocupados com as preparações de sobrevivência ao inverno.

O primeiro camundongo procurava furiosamente por suprimentos, carregando todo tipo de grãos e sementes para a toca.

O segundo camundongo procurava por coisas para combater o frio e arrastou muitas palhas e sementes macias para dentro de seu buraco.

E o terceiro camundongo? Ele continuava vagando pelos campos, olhando para o céu, depois para a terra e, em seguida, deitava-se para descansar durante algum tempo.

Seus dois companheiros trabalhadores ferrenhos repreenderam o terceiro camundongo enquanto se exauriam com o trabalho árduo, dizendo: "Você é tão preguiçoso, não está se preparando para atravessar o inverno. Vamos ver como você se sai quando o inverno chegar!"

Aquilo que na superfície parece ser completamente inútil pode, em realidade, ser um ponto de partida para nos trazer calma e serenidade ao coração espiritual.

O terceiro camundongo não ofereceu explicação alguma.

Mais tarde, quando o inverno chegou, os três camundongos se esconderam em uma pequena toca apertada. Não faltava comida e tinham tudo de que precisavam para impedir a entrada do frio, mas não tinham nada para fazer o dia inteiro. Aos poucos, o tédio se estabeleceu, e eles não tinham noção de como passar o tempo.

Então, o terceiro camundongo começou a contar histórias para os outros dois: sobre como ele encontrara uma criança à beira do campo em uma tarde de outono, e o que vira a criança fazer; sobre um homem que vira próximo ao lago em uma manhã de outono e o que ele fazia. Ele lhes contou sobre conversas que tivera; e uma canção que ouvira de um pássaro...

Foi só então que seus dois companheiros perceberam que esse camundongo estivera absorvendo raios solares para ajudá-los a passar pelo inverno.

Se retomarmos a ambição de Zeng Dian agora: manter um rito para se purgar e se aproximar da natureza, na estação em que a terra se livra das algemas do inverno e toda a natureza celebra. Embora pareçam não ter qualquer significado prático, tais rituais podem trazer paz e ordem ao coração espiritual. Para desfrutar de tal paz e ordem, devemos estar em sintonia com os céus e a terra. Precisamos ser capazes de perceber com perspicácia as mudanças nos ritmos da natureza e experimentar as quatro estações, a paisagem natural das montanhas e dos rios, o vento e a lua.

Para nós hoje, isso é um grande luxo. Em nosso mundo moderno, há muitas coisas que estão fora de estação: no calor do verão, nossas casas têm ar-condicionado para soprar ar frio; quando o inverno chega, o aquecimento central torna as casas tão quentes quanto na primavera; no Ano-Novo chinês, no fim do inverno, a mesa está coberta de verduras vivamente coloridas, cultivadas em estufas. Quando a vida fica muito simplificada, os sinais deixados em nossas vidas pelas quatro estações tornam-se embaçados; as mudanças de estação e os padrões anuais da natureza não mais estimulam qualquer reação em nossos corações. Carecemos da sensibilidade de Zeng Dian — a sensibilidade que o fez desejar, no auge da primavera, que fosse moldado por ela — e, com isso, falta-nos essa plataforma da qual podemos deixar nossas ambições maiores levantar voo e voar.

O relacionamento entre nossos objetivos e nossas ações é exatamente como o de uma pipa e um barbante. A distância a que uma pipa pode chegar depende do barbante em suas mãos. E esse barbante são as aspirações de seu coração espiritual. Quanto mais calma, equilibrada e serena for sua mente, mais fácil você considerará rejeitar as coisas externas grandiosas e esplendorosas e ouvirá respeitosamente a voz tranquila de seu coração espiritual. Isso significa que ao adotar um papel na sociedade, não perderá contato consigo mesmo; você será capaz de cumprir com suas responsabilidades alegremente e alcançará o melhor resultado possível.

Muitas pessoas acham que as ambições descritas em "Sentar em serviço" diferem em parte de nosso entendimento usual do que Confúcio e seus alunos tinham a dizer sobre o tema da ambição. Por exemplo, ao contrário do que Zengzi diz em outro ponto, essas ambições não são pesadas: "Um cavalheiro [*junzi*] deve ser forte e resoluto, pois seu fardo é pesado e sua estrada, longa. Ele toma a benevolência como fardo. Isso não é pesado? Apenas com a morte a estrada chega a um final. Isso não é longo?" (*Os analectos*, VIII).

Porém, se paramos para pensar sobre isso um momento, as atitudes descritas em "Sentar em serviço" são, na realidade, as árvores em que aqueles "fardos", aquelas grandes ambições pessoais e sociais, crescerão e produzirão frutos. Se, em seu papel profissional, uma pessoa carece desse sentimento de calma ou de uma compreensão de seu coração espiritual, ela só servirá para dar ordens, e não terá esperança de melhorar a si mesma.

O ponto importante a ser lembrado é que esse autoaperfeiçoamento não é egoísta. A ênfase de Confúcio no cultivo de nosso coração espiritual de forma alguma sugere que devemos renunciar a nossas responsabilidades para com a sociedade; em vez disso, nos cultivamos para que possamos servir melhor à sociedade.

Na China, há um tipo de pessoa, o *shi*, que compõe a classe intelectual mais alta; pessoas que veem a sociedade na qual vivem como sua responsabilidade. É um status muito honroso, às vezes denominado "cavalheiro-erudito" [*shi*].

Confúcio uma vez disse: "Um cavalheiro [*junzi*] que é apegado ao conforto não merece ser chamado de Cavalheiro." (*Os analectos*, xiv). Em outras palavras, se alguém passa os dias com a cabeça ocupada apenas por seu pequeno círculo familiar e suas próprias questões mundanas, com os assuntos cotidianos, então essa pessoa não pode se tornar um verdadeiro *shi*.

É justamente desse aspecto de responsabilidade que o aluno de Confúcio, Zigong, trata quando pergunta ao mestre: "Como deve ser um homem antes que seja considerado um *shi* de verdade?"

O mestre respondeu: "Um homem capaz de se controlar e que, quando enviado para fora do país, não desonra as ordens de seu amo pode ser considerado um *shi*."

O que Confúcio queria dizer era que as pessoas devem compreender a cortesia e a retidão; devem ser capazes de controlar seu comportamento; devem ter um coração firme e leal e se negar a ceder em seus padrões; ao mesmo tempo, devem ser úteis à sociedade — isto é, devem trabalhar para o bem da sociedade. Em outras palavras, uma vez que uma pessoa alcance esse aperfeiçoamento interior, não se permitirá ser complacente, continuará a fazer o que é útil, será fiel à sua missão e "não desonrará as ordens de seu amo". Esse é, segundo Confúcio, o grau mais elevado de *shi*. E não é fácil, porque não há maneira de saber antecipadamente qual será sua missão.

Zigong considerava esse padrão muito alto, então perguntou: "Posso saber qual é o grau imediatamente inferior?" Há outro padrão que seja um pouco mais baixo?

Confúcio respondeu: "Ser louvado por ser um bom filho de sua família e por ser um jovem respeitoso no vilarejo." Em outras palavras, alguém louvado por toda sua família por ser bom para seus pais e popular em seu vilarejo pelo comportamento respeitoso mostrado aos companheiros de aldeia. Começar com o que está a seu redor; conseguir brilhar com a luz do amor humano e dos laços humanos e usar a força desse amor para ganhar a aprovação daqueles que o cercam; e não envergonhar seus ancestrais; esse é o segundo nível de *shi*.

Zigong fez uma nova pergunta: "E o próximo?" Há outro grau mais baixo?

Confúcio disse: "Uma pessoa que insiste em manter sua palavra e se preocupa em cumprir com seus deveres até o fim poderia, talvez, vir em seguida, mesmo que demonstre uma mesquinhez teimosa."

Os leitores modernos provavelmente ficarão pasmos com essa resposta. Padrões tão elevados de comportamento são suficientes para ingressar apenas no terceiro grau de *shi*? Uma pessoa que insiste em cumprir a palavra e realizar suas ações até o fim, que, uma vez tendo concordado em fazer algo, o fará, não obstante os métodos usados e as consequências, que sempre cumpre as promessas — tudo isso, e essa pessoa somente poderá ser classificada como um mero *shi* de terceira classe? Quantas pessoas hoje conseguem de fato continuar a manter a palavra empenhada e cumprir suas obrigações até o fim?

> O mestre disse: "Não há razão de buscar as opiniões de um cavalheiro que, apesar de aplicar seu coração no caminho, tenha vergonha da comida simples e de suas roupas pobres." (*Os analectos*, IV)

Embora sejam difíceis de alcançar, esses três padrões definem, segundo Confúcio, o tipo de indivíduo maduro capaz de assumir com sucesso qualquer cargo na sociedade.

Há uma história sobre Lin Xiangru, o famoso ministro do reino de Zhao durante o Período dos Reinos Combatentes (475-221 a.C.), que ajuda a demonstrar o grau mais elevado de *shi*: a pessoa que "não desonra as ordens de seu amo".

Ocorreu que o rei de Zhao adquirira o Jade Hesheng, uma joia de raridade e valor incalculáveis, cujo valor era maior do que o de muitas cidades. O rei de Qin queria colocar as mãos nele, logo, enviou um embaixador ao rei de Zhao dizendo que estava disposto a trocar 15 cidades suas por aquela peça de jade. O rei de Zhao sabia que o rei de Qin era cruel e ganancioso: uma vez que a peça de jade chegasse a Qin, seria impossível tê-la de volta. Porém, Lin Xiangru disse: "Não levar o jade seria uma afronta. Levarei a joia e, se não conseguir as 15 cidades prometidas, darei minha vida, mas não a deixarei cair nas mãos do rei de Qin. Portanto, contanto que você me tenha, você terá o jade."

Quando Lin Ziangru chegou ao reino de Qin carregando o Jade Hesheng, o rei de Qin o recebeu informalmente em um salão lateral e permitiu que seus ministros e as damas da corte passassem o tesouro inestimável de mão em mão, rindo desrespeitosamente entre eles. Quando Lin Ziangru viu aquilo, percebeu que o reinado de Zhao estava sendo tratado com a mesma falta de respeito que o jade. No entanto, recuperar a joia não seria uma tarefa fácil. Logo, ele disse para o rei de Qin: "Sua Majestade, esse jade tem um defeito, passe-o para mim e eu lhe mostrarei." Quando o rei de Qin devolveu a peça de jade às suas mãos, Lin Xiangru recuou alguns passos, encostando-se contra uma pilastra. Ficou lá e agarrou com força a pedra e, com raiva, disse ao rei de Qin: "Ao receber nosso tesouro em um lugar como este, você desonrou tanto este jade quanto o reinado de Zhao. Antes de chegarmos, queimamos incenso, fizemos sacrifícios e jejuamos por 15 dias, como uma demonstração de respeito ao reinado de Qin. Vim aqui com reverência carregando o jade, mas sem qualquer cerimônia você o passou de mão em mão entre os ministros e as beldades da corte. Por sua atitude desdenhosa, posso ver que não tem intenção real de nos dar as 15 cidades em troca. Se realmente o quiser, deve jejuar e queimar incenso durante 15 dias como fizemos e entregar as 15 cidades e, então, devolverei o jade para você. Se não fizer isso, despedaçarei tanto a minha cabeça quanto esta peça de jade no mesmo instante na grande pilastra de seu Salão Dourado." O rei de Qin ficou com medo e rapidamente concordou com as demandas.

Lin Xiangru sabia que o rei de Qin não manteria sua palavra e, portanto, ordenou à sua família que fugisse durante a noite de volta para Zhao, levando o tesouro com eles. Ele, no entanto, permaneceu e confessou o que fizera para o rei de Qin. Ele disse: "Sei que você não tem intenção real de nos entregar aquelas cidades, mas agora o jade já retornou intacto para Zhao."

As histórias desse tipo não são incomuns nos livros e registros antigos da China clássica. Um bom teste de caráter para uma pessoa é a forma com que ela lida com uma tarefa profissional quando tudo ao redor repentinamente muda. Como ela consegue dominar o medo e permanecer calma, controlada e serena? Para isso, necessitamos encontrar algo em que possamos depositar nossas esperanças.

Não precisa necessariamente ser algo geralmente considerado como uma grande ambição: poder, dinheiro ou qualquer coisa desse tipo. É possível dizer que cada um de nós no grande círculo da vida tem um objetivo que desejamos mais do que qualquer outro. E qualquer um que consiga encontrar tal ideal no qual possa fixar suas esperanças terá uma âncora para a vida inteira e um embasamento firme para seu coração espiritual.

Para Confúcio, todos os grandes objetivos são construídos sobre essas fundações simples e comuns. O pensamento positivo é uma das forças mais poderosas neste mundo e o que todos desejam é tempo para a reflexão — não luxo material, mas o luxo de uma viagem espiritual.

Uma vez Confúcio disse que desejava viver em uma região oriental remota da China, habitada por chineses não Han, e conhecida naquele tempo como a terra das Nove Tribos Bárbaras.

Alguém tentou dissuadi-lo, dizendo: "Mas você suportaria o comportamento grosseiro deles? Aguentaria viver em um lugar tão pobre e atrasado?"

Confúcio respondeu simplesmente: "Uma vez que um *junzi* se estabeleça entre eles, que grosseria haveria nisso?"

Há duas interpretações para essa resposta. A primeira é que a "missão" de um *junzi* é para o mundo inteiro, para o *junzi* um lugar não é nada mais que um ambiente externo, seja ele rico e luxuoso, ou simples e pouco refinado. Em segundo lugar, a mente de um *junzi* tem uma energia constante e estável, a qual pode tornar as coisas ao seu redor iluminadas e florescentes. A atmosfera que ele cria em torno de si e em sua vida pode transformar até mesmo um lugar atrasado e tosco.

Na China, há um poema muito conhecido, escrito por Liu Yuzi durante a dinastia de Tang, chamado "Na minha humilde casa", no qual o autor mostra a resposta de todos os cavalheiros-eruditos da China, ao longo da história, à vida em circunstâncias humildes. Ele disse que poderíamos não ser capazes de mudar o ambiente material em que vivemos, mas que não haveria necessidade de ser muito exigente em nossas demandas, pois as pessoas em torno de nós é que criam nosso ambiente mais importante.

Ele falou das "risadas dos cultos e sábios", descrevendo como "nenhuma vulgaridade pode entrar lá". Em outras palavras, a casa de uma pessoa pode ser pobre e estar caindo aos pedaços, mas é o lugar no qual ela e os amigos discutem seus sonhos e ambições e, assim, as condições de vida humildes não são o que realmente importa.

> O caminho da ambição nos dará um ponto de partida estável e acessível, além de recursos e um depósito de felicidade interna.

Como, então, deveríamos alcançar nosso objetivo? Começando de um ponto de partida simples e comum, o qual nos conduzirá à felicidade espiritual.

Quando realmente compreendemos "Sentar em serviço"; quando tivermos lido aquelas palavras sinceras "Estou com Dian"; quando soubermos que esse sábio, um exemplo para todos nós por todas as épocas, desejou uma vida de "banhar-se no rio Yi, e desfrutar a brisa no Altar da

Chuva", e desejou no fim da primavera "ir para casa declamando poesia", veremos que seu desejo é, na realidade, semelhante àquela comunhão solitária com os espíritos dos céus e da terra descritos pelo filósofo Zhuangzi.

Em outras palavras, todos os sábios e os homens de virtude da Antiguidade, iniciaram sua jornada espiritual a partir de um ponto estável: os próprios valores pessoais. Primeiro, eles entenderam os anseios do próprio espírito e somente depois puderam fazer grandes planos ou formar grandes ambições.

Todos desejamos encontrar pontos estáveis em nossas vidas, de modo que também possamos encontrar um ponto de partida para a longa jornada à nossa frente. Construamos uma sabedoria da alma, fundada na sabedoria derivada do autoconhecimento; entremos na sabedoria de Confúcio, de modo que também possamos ser seus alunos calmos, superando as mudanças e as turbulências das épocas para ver seu rosto sereno, firme e tranquilo hoje. Lembremos de seu encorajamento para nos aproximarmos da natureza e, nos raros intervalos de nossa vida corrida e ocupada, desfrutemos de um pequeno rito privado da alma, ao contrário do comediante cuja personalidade era dividida e não mais se atrevia a enfrentar seu coração espiritual. Na realidade, na era moderna, a serenidade que encontramos nos conceitos de Confúcio para uso cotidiano, a clareza e a verdade de suas ideias e a força que encontramos nelas deveriam nos estimular a valorizar nossos corações espirituais e a reconhecer que as raízes de todos os nossos objetivos e ambições estão localizadas nas profundezas de nosso ser.

Confúcio nunca se esqueceu do quanto isso era difícil. Porém, esses ensinamentos nos orientam quando enfrentamos diferentes desafios à medida que vamos envelhecendo. Ele nos ajuda a compreender o que se exige de nós em cada etapa de nossa jornada pela vida.

Parte seis

O caminho do ser

Confúcio descreveu sua vida como composta por seis etapas.

A descrição de sua jornada pela vida ainda tem muito significado para nós no mundo de hoje.

O importante é reconhecer o que ele deseja que extraiamos dessa sabedoria, para tornar nossa vida mais verdadeira e valiosa.

Ao longo da história, as pessoas lamentam mais o passar do tempo do que qualquer outra coisa.

Todos na China também conhecem a parelha de versos escritos por Sun Ran para as colunas gêmeas do Pavilhão Daguan, em Kunming. A primeira linha diz: "Os quinhentos *li* do lago Dianchi espalhados diante de seus olhos." A segunda segue "milhares de anos de eventos passados vêm à mente de uma vez".

Para um filósofo, as águas correntes e ondulantes de um rio não são apenas um fenômeno natural. O que também flui como as águas de um rio e que nunca pode ser contido ou voltar ao jeito que era é o tempo.

Em seu poema "O lamento de um rio", o poeta Du Fu escreveu: "Choro minha vida passada, e as lágrimas ensopam minhas roupas. As águas do rio passam, imutáveis e infinitas." E em "Contemplando o passado no Monte Xisai", Liu Yuzi disse: "Em nossa vida, quantas fontes há de pesar e de desapontamento! As montanhas permanecem imutáveis, enquanto o rio frio de inverno flui entre elas." A vida humana é apenas um instante breve, enquanto a natureza é eterna; o contraste poderoso é suficiente para sacudir o espírito e levar lágrimas de tristeza aos nossos olhos.

Não surpreende que o poeta da dinastia Tang, Zhang Ruoxu, tenha feito esta pergunta eterna à lua em "O luar da meia-noite sobre o rio":

Quem foi o primeiro homem a ver a lua à margem do rio? Em que ano a lua primeiro luziu no homem? As vidas humanas incessantemente vão e vêm, geração após geração, mas o rio e a lua permanecem constantes ano após ano. Não sei por quem o rio e a lua esperam, só vejo as águas do Yangtze fluindo.

Confúcio não foi exceção. "Enquanto estava à margem de um rio, Confúcio disse: 'O que se vai talvez seja parecido com isso.'" Todos na China conhecem essas palavras. É uma frase obscura, apenas insinua seu significado, mas carrega consigo um pesar profundo pelas mudanças e adversidades da vida humana.

Em meio a esse universo vasto e infinito, entre os ciclos intermináveis da natureza, cada vida humana é minúscula e insignificante, passando em um piscar de olhos. Então, como devemos planejar nossa vida breve?

Ao mesmo tempo em que suspirava por causa das águas que corriam, Confúcio descrevia um caminho pela vida para seus alunos e para milhares de gerações depois deles:

Aos 15 anos, dediquei-me de coração a aprender; aos 30, tomei uma posição; aos 40, livrei-me das dúvidas; aos 50, entendi o Decreto do Céu; aos 60 meus ouvidos foram sintonizados; aos 70, segui o meu coração, sem passar dos limites. (*Os analectos*, II)

Esse é um conjunto básico de coordenadas para a vida humana, em que várias etapas são especialmente enfatizadas. Examinemos rapidamente o caminho pela vida que o sábio descreve para nós, para ver quais lições podemos extrair e o que ele significa para nós hoje.

Uma vida humana não é mais que um breve momento tomado emprestado do tempo; à medida que os meses e os anos vão passando, pegamos esses poucos anos breves e os moldamos de determinada forma, esperando criar algo eterno, para ser nosso memorial quando partirmos.

Como vimos, todos nós temos ambições e algo que nos motiva, mas temos de começar nos ajustando à sociedade em que vivemos. O estudo começa com a transformação de um ser humano natural e amorfo em uma pessoa moldada pelas regras da sociedade. Quando Confúcio diz: "Aos 15 anos, dediquei-me de coração a aprender", ele descreve o próprio ponto de partida naquela jornada e também aquilo que exigia de seus alunos.

Confúcio dizia frequentemente: "Não nasci com conhecimento, mas, por gostar do que é antigo, apressei-me em buscá-lo." (*Os analectos*, VII). Até mesmo Confúcio não nasceu sabendo tudo. Porém, por ser profundamente interessado na cultura e nas experiências dos antigos, foi capaz de trabalhar incansavelmente e estudar com diligência.

Hoje, desejamos construir uma sociedade na qual a educação está livremente disponível a todos. Porém, que tipo de aprendizagem é uma boa aprendizagem?

Na atual época da informação, há simplesmente muito para aprender. As crianças de hoje não esperam mais até os 15 anos para "se dedicar de coração a aprender"; muitas começam a aprender antes mesmo dos 5 anos. Porém, o que elas aprendem de fato? Algumas crianças memorizam os valores de π para muitas posições após o ponto decimal; outras podem recitar longos poemas em chinês clássico como um show para os convidados nas festas de família. Contudo, será que esses feitos serão verdadeiramente úteis para o restante de sua vida? Quantas das "inclinações para aprender" de hoje são o que Confúcio falou sobre "estudar para se aperfeiçoar"? E quantos estão estudando para fazer uso do que aprenderam?

Na época moderna, o mais aflitivo para nós é que há excesso de informações; nossa maior dificuldade é escolher. Precisamos desesperadamente de um plano bem delineado para nos guiar pelos labirintos das escolhas e aprender o que realmente necessitamos aprender.

A opinião de Confúcio sempre foi que ir "longe demais é pior do que não ir longe o suficiente". Tudo que é bom possui matizes de intensidade; se você é ganancioso, absorverá mais do que consegue processar, e seu cérebro se tornará como o disco rígido de um computador, cheio de conhecimento passivo que fica parado. Seria melhor se usasse seu conhecimento limitado e estudasse para dominar apenas um assunto, para absorvê-lo em sua vida.

Confúcio disse: "Se um homem aprende com os outros mas não pensa, ele ficará confuso. Se, por outro lado, um homem pensa mas não aprende com os outros, ele estará em perigo" (*Os analectos*, II). Devemos aprender, pensar e usar o que aprendemos, tudo ao mesmo tempo.

Na China, o sistema universitário atual dissemina o conhecimento em doses padronizadas, mas podemos acrescentar mais amplitude a ele. O método preferido de aprendizagem de Confúcio, no qual pensar e aprender estão combinados, tem muito a nos ensinar.

Através do estudo, da experiência e do treinamento, avançamos gradualmente, acabando por compreender as questões intelectual e intuitivamente. Esse será o estado em que estaremos quando os 30 anos se aproximarem.

> "Aos 30, tomei uma posição."
>
> Na China, "tomar uma posição aos 30" ainda é uma frase que você ouvirá com grande frequência. Nessa idade, quase todos começam a olhar para dentro de si, perguntando: "Tomei minha posição?"
>
> Então, o que significa tomar uma posição? Você precisa ter um carro, um apartamento, ou alguma posição profissional antes de considerar que tomou uma posição? E como é que chegar aos 30 anos — o que na China chamamos o ano de tomar uma posição — nos afeta?

Atualmente, parece que atingimos a idade adulta cada vez mais tarde, sobretudo nas cidades grandes, onde as pessoas de 30 anos de idade ainda são chamadas de "meninos" e "meninas". Portanto, como podemos afirmar que uma pessoa "tomou sua posição" no mundo? E quais responsabilidades são inerentes a esse estado?

Por exemplo, ao iniciar a escola primária, as crianças acreditam que o sol é brilhante, que as flores são um lindo vermelho reluzente, que o coração das pessoas é bom, que o mundo está cheio de sentimentos tenros, que o príncipe e a princesa ficarão juntos no final e que não há tristezas ou aflições na vida.

Porém, ao chegarem à adolescência, uma tendência poderosa de rebeldia emerge, e aos 20 anos, ao ingressarem na sociedade adulta, sentirão que nada no mundo é da forma que deveria ser, que o mundo adulto os enganou, que a vida está cheia de feiura, infelicidade e má-fé. Esses são os "jovens irados" sobre quem ouvimos falar frequentemente. Essa fase do amadurecimento é acompanhada de sua tristeza especial, que é uma reação inevitável à primeira etapa. No entanto, ao chegarmos aos 30 anos, deveríamos estar na etapa da satisfação, o que significa não achar que tudo à sua frente é luminoso e ensolarado, como uma criança de 10 anos de idade faria, nem que tudo é triste e cruel, como as pessoas aos vinte pensam.

> "Tomar uma posição aos 30" diz respeito a construir confiança interna.

Tomar uma posição aos 30 diz respeito, em primeiro lugar e acima de tudo, a um posicionamento interior; encontrar seu lugar na sociedade vem depois.

Do ponto de vista da independência espiritual interna a aprendizagem genuinamente boa significa aplicar tudo que aprendemos a nós mesmos, de modo que o que aprendemos se torne nosso. Esse é o tipo de estudo que a cultura chinesa exige de nós.

Portanto, o período dos 15 aos 30 anos envolve um processo de aprendizagem. Porém, como se chega a esse estado integrado, em que tudo que aprendemos se torna nosso?

Tradicionalmente, os chineses abordam a aprendizagem de duas formas: a primeira é chamada "Eu explico os Seis Clássicos" e a segunda "os Seis Clássicos me explicam".

O primeiro método exige estudar os clássicos a vida inteira, até a velhice; quando seu cabelo ficar branco e você tiver terminado de ler todos os livros, estará preparado para tecer comentários sobre os clássicos.

Mas o segundo método, "os Seis Clássicos me explicam", envolve um nível ainda mais elevado. Envolve usar o espírito dos clássicos para explicar e influenciar a própria vida.

Trinta é a idade em que a autoconfiança aumenta. Esta não se baseia na oposição às coisas externas. Em vez disso, cria uma espécie de harmonia, na qual tanto o interno quanto o externo são elevados. Isso é o mesmo que a parelha de versos sobre o monte Tai: "O mar se estende até sua extremidade mais distante, o céu é uma costa: Ao ascender ao pico, serei outro pico da montanha." Essa é uma das maneiras como os chineses se relacionam com as montanhas e os rios. Nosso objetivo não é conquistar ou subjugá-los; ao contrário, as montanhas e os rios são vistos como nos elevando. Da mesma forma que o mar se expande infinitamente, sem costa além do céu, como se o mundo inteiro estivesse disposto diante de nós, ao chegar ao cume de uma montanha, não é tanto que eu esteja pisando na montanha alta embaixo de meus pés, mas que o pico da montanha em que estou me elevou a novas alturas.

Esse é o estado que chamamos "os Seis Clássicos me explicam".

Confúcio sempre ensinou seus alunos a viver de forma simples e despojada: faça o que está à sua frente o melhor que possa; não há necessidade de se afligir com a maioria das coisas, portanto não se aflija com elas.

Por exemplo, é bem conhecido que "os assuntos sobre os quais o Mestre não discorria eram milagres, violência, desordem e espíritos". (*Os analectos*, VII). Confúcio não gostava de falar sobre deuses e espíritos, porque sua atenção estava focada no comportamento real e tangível.

Quando Zilu uma vez lhe perguntou sobre fantasmas e espíritos, Confúcio disse calmamente: "Você não é sequer capaz de servir a um homem. Como poderá servir aos espíritos? Você nem mesmo consegue entender direito as questões das pessoas vivas; como pode pensar em honrar as pessoas mortas?" Isto é, antes de começar a estudar, deve-se manter as coisas simples e começar com o que está à sua frente. Não comece imediatamente a refletir sobre coisas vazias e complicadas.

Zilu não estava disposto a desistir e disse: "Posso perguntar sobre a morte?"

Novamente, Confúcio disse serenamente: "Você nem mesmo entende a vida. Como pode entender a morte?"

Essa resposta ainda tem muito a nos ensinar hoje. Ao estudar, primeiro se esforce ao máximo para compreender aquilo que está ao seu alcance na vida. Não se exceda a ponto de refletir sobre aquilo que está além de você ou sobre o que é muito complicado. Até que alcancemos a idade de tomar uma posição, é apenas ao aprender um pouco de cada vez que podemos verdadeiramente nos erguer.

Para mim, então, "assumir uma posição aos 30" não é um meio de avaliar se você está à altura de determinados padrões sociais externos ou não. Mas, ao contrário, é uma forma de avaliar sua vida em comparação com padrões internos, do coração e da alma, para estabelecer se você começou a adquirir a luminosa introspecção calma e desapressada e se alcançou um estado no qual é capaz de lidar confiante e decisivamente com as próprias questões.

Ir além dos ganhos materiais e se concentrar no que está dentro é, para mim, a maior prova de que se tomou uma posição.

Há muitos exemplos dessa atitude na cultura chinesa. Considere o homem idoso com o chapéu de chuva de palha no poema de Liu Zongyuan, "pescando sozinho no rio gelado", no frio penoso do inverno, atirando seu anzol pelo simples prazer no ato. Ou considere a jornada do grande poeta e estudioso Wang Huizhi em um pequeno barco em uma noite coberta de neve para visitar seu amigo Dai Kui: quando chegou à porta do amigo, virou-se e partiu sem se preocupar em bater. Por quê? Porque decidira ir por impulso, sentindo saudades do amigo; ao chegar à porta dele, o impulso arrefeceu e ele voltou para casa. Os antigos eram fiéis às suas almas; a direção mostrada para eles por seus corações determinava a direção de suas ações.

> Entre os 30 e 40, as pessoas passam dos anos de "tomar uma posição" para o que Confúcio chamou os anos de "livrar-se das dúvidas".
>
> Esses deveriam ser os melhores anos de nossa vida.
>
> Porém, todos podem alcançar "livrar-se das dúvidas" aos 40 anos?

Na sociedade moderna, aos 40 anos, as pessoas chegaram à meia-idade. São conhecidas e respeitadas em suas profissões escolhidas, mas têm uma geração mais velha acima delas e uma geração mais jovem abaixo, e isso coloca uma grande pressão sobre elas. Nessas situações estressantes, qual é a melhor forma de manter nosso coração livre da dúvida e da ansiedade?

Frequentemente, Confúcio reflete sobre a ideia de "livrar-se das dúvidas". Como uma pessoa consegue realmente livrar-se das dúvidas e dos medos? É necessário ter grande sabedoria.

Os anos que vão desde tomar uma posição a livrar-se de dúvidas são a melhor época de nossa vida. Antes dos 30 anos, as pessoas vivem um processo de soma, constantemente adquirindo do mundo aquilo de que necessitam: experiência, riquezas, relacionamentos, boa reputação etc. Porém, quanto mais acumulamos bens materiais, mais perplexos e indecisos nos tornamos.

Após os 30, temos de começar a aprender a viver um processo de subtração — é preciso aprender a abrir mão das coisas que sua alma realmente não precisa.

Nosso coração é como uma casa nova: ao acabar de se mudar, seus proprietários desejam enchê-la de móveis, cortinas e outras decorações. Como resultado, a casa acaba tão atravancada quanto uma viela de Pequim, cheia de quinquilharias, e não temos qualquer espaço livre para nós mesmos. Tornamo-nos escravizados por nossos bens.

Aprender a viver subtraindo significa libertar-se das pessoas que não desejamos como amigos; recusar-se a fazer o que não queremos fazer; e recusar o dinheiro que não desejamos ganhar. Somente quando ousamos abrir mão, e sabemos como abrir mão, podemos verdadeiramente nos considerar livres das dúvidas.

Portanto, o que é estar livre das dúvidas? É quando uma pessoa pode pensar e agir de acordo com as ideias abordadas na *Doutrina do meio*.

A *Doutrina do meio* é um dos Quatro Livros que se tornaram os textos centrais dos ensinamentos confucianos e que ajudaram a definir os padrões mais elevados de comportamento na China antiga. Em termos filosóficos, diz respeito ao "grau" mais apropriado em que algo é feito. Frequentemente, hoje em dia, é entendido, de forma errada, como indicando mediocridade, dissimulação e malícia; a *Doutrina do meio* é amplamente tida como uma representação de chegar a um meio-termo à custa dos princípios, talvez até mesmo turvando a linha entre o certo e o errado.

A *Doutrina do meio* afirma: "Quando a felicidade, a raiva, a tristeza e a alegria não são expressas, isso é chamado de Meio; quando de fato encontram expressão, mas de forma contida e equilibrada, isso é chamado Harmonia. O Meio é a grande raiz do mundo e a Harmonia é o grande Caminho do mundo." Isto é, o estado ideal é aquele em que tudo está em harmonia, com o céu, a terra e com toda a natureza, cada um tranquilamente em seu lugar. Essa atitude significa que até mesmo se o mundo exterior tratá-lo injustamente, você saberá então onde está e isso o ajudará a lidar com os golpes e pesares que a vida distribui e lhe dará um ponto de apoio na vida.

Quando se trata de julgar a melhor forma de fazer algo, se a pessoa não se importa se o método é correto e se concentra apenas no método mais apropriado, este quase nunca envolve ir aos extremos.

O grande filósofo Feng Youhan disse certa vez: "Aprenda com as dinastias dos antigos para ajudar a nova ordem; nossos ideais devem ser os mais elevados, mas nossas ações devem seguir o Caminho do Meio." O Caminho do Meio exige alcançar um estado moral muito elevado pelo método mais apropriado. Como diziam os antigos chineses: "Nos seus extremos, a glória e o esplendor retornam para o Caminho do Meio." Em nossos 20 e 30 anos, abrimos caminho pela vida, mas só aos 40, os anos da liberdade de dúvidas, é que conseguimos mostrar serenidade e um senso de responsabilidade. E, quando alguém atinge esse estágio, uma mudança ocorrerá em muitos dos padrões dessa pessoa.

Então, quando outros dez anos tiverem se passado e chegarmos aos 50, mais mudanças ocorrerão.

> **Aos 50, Confúcio disse que "entendia o Decreto do Céu". O que ele quis dizer? É o que queremos dizer quando declaramos: "Se uma coisa está determinada, acontecerá mais cedo ou mais tarde; se uma coisa não está determinada, não tente forçá-la"? Isso significa que devemos nos resignar ao nosso destino quando chegamos aos 50?**

Se desejarmos responder a essa pergunta, devemos, antes de tudo, estar seguros sobre o que exatamente Confúcio quis dizer com entender o Decreto do Céu.

Quanto mais bens materiais, mais facilmente as pessoas ficam confusas.

Confúcio disse: "Não culpo o céu, nem o homem. Nos meus estudos, começo por baixo e meu progresso é para cima. Se eu for compreendido de todas as formas, será talvez pelo céu." (*Os analectos*, XIV) O estudioso da linguística clássica, Huang Kan, interpretou isso como: "Começar por baixo é estudar as questões do homem; meu progresso é para cima é alcançar a vontade do céu. Estudei as questões da humanidade: as questões humanas são regidas pela boa e má sorte, portanto não culpo o homem; acima está a vontade do céu, a vontade do céu pode estar a seu favor ou contra você, logo não culpo o céu." Como podemos ver, a chave para isso é a palavra "entender": você deve ser capaz de entender aquilo que o destino lhe tenha reservado. Quando puder tomar tal atitude, seja seu destino favorável ou desfavorável, conhecer tudo de bom e mau no mundo e souber que tudo isso é de fato muito natural, então poderá cuidar disso com racionalidade e responder a isso com calma.

"Eu não culpo o céu, eu não culpo o homem" devem ser palavras que dizemos frequentemente, até mesmo hoje, mas é muito mais fácil falar do que fazer. Se você pudesse se ouvir lamuriando, se pudesse manter todas as suas censuras e críticas firmemente cerradas em seu coração, se tornaria o tipo de pessoa que não coloca mais a culpa nos outros.

Essa ideia de se manter tranquilo também se refere a falar mal dos outros. Confúcio disse: "O progresso do cavalheiro é para cima; o progresso do homem vulgar é para baixo." (*Os analectos*, XIV) Apenas os vulgares passam o tempo inteiro em fofocas maliciosas e disputas pessoais. O *junzi*, por outro lado, presta mais atenção ao coração espiritual, construindo um conjunto de convicções para si mesmo e buscando seu destino. Confúcio disse: "Um homem não pode se tornar um cavalheiro [*junzi*], a menos que entenda o destino; ele não pode ocupar o seu lugar, a menos que entenda os ritos; ele não pode julgar os homens a menos que entenda as palavras" (*Os analectos*, XX).

Ele acreditava que a perfeição do coração espiritual de uma pessoa e seu desejo de entender o destino eram muito mais importantes do que impor suas exigências à sociedade ou fazer as pessoas se comportarem de determinada forma.

Para Confúcio, os três estágios da vida — "entender o destino", "compreender os ritos da sociedade" e "entender as palavras" — ocorrem em ordem inversa. Primeiro, aprendemos as palavras e acabamos entendendo as outras pessoas e a sociedade em que vivemos por meio das conversas com outros e da leitura de livros; mas apenas entender as palavras não é suficiente para se enquadrar na sociedade. Além disso, precisamos entender a cerimônia e o ritual, tudo que nos ajuda a respeitar os outros. Um pouco mais de respeito o deixará com menos queixas. O nível mais elevado é o entendimento do destino. Entender o destino é se tornar um *junzi*, o ideal de Confúcio. A essa altura, teremos criado um sistema de valores independente para nós mesmos, nosso coração espiritual será inundado por uma força calma e prática, que poderá ser usada em todas as nossas interações com o mundo exterior.

Entender a vontade do céu significa que, aos 50 anos, você terá firmeza de espírito interior. Você terá alcançado o estado de "não culpar o céu e não culpar o homem": não se deixará influenciar pelas coisas externas.

O antigo filósofo Zhuangzi tem um ponto de vista muito semelhante: "Quando o mundo inteiro o elogiou, os elogios não o fizeram aumentar os esforços; quando o mundo inteiro o condenou, a condenação não o fez desanimar. Ele estipulou um limite claro entre o que estava dentro e o que estava fora, e entendeu a diferença entre a glória verdadeira e a desgraça, mas parou aí."

Em outras palavras, quando todo o mundo o glorifica, você não reage a esse louvor e, igualmente, quando todos à sua volta veem falhas e dizem que errou, você não desanimará, mas persistirá, inabalável, nas crenças que adotou. Isso é o que significa "estipular um limite claro entre o que está dentro e o que está fora" e entender a "glória" e a "desgraça".

O que chamamos de crescimento e amadurecimento é um processo pelo qual o coração espiritual gradualmente se torna mais forte pela experiência, e adquirimos a capacidade de pegar coisas externas e transformá-las em força interna.

O estado de "entender o Decreto do Céu" é algo que nós, na China, tendemos a associar naturalmente aos romances de Kung-fu de Jin Yong.

Nos romances de artes marciais chineses, ao aparecer pela primeira vez em cena, o jovem espadachim geralmente brande uma espada preciosa de gume incomparável, sem igual em todo o país, e realiza um espetáculo esplêndido com a lâmina assobiando e a postura elegante de um bailarino. Porém, após melhorar suas habilidades marciais com dedicação e prática, adotando estilo de vida de um espadachim e tornando-se um lutador conhecido, a espada que usa pode ser apenas uma lâmina cega que ele nunca se interessa em afiar. Nessa altura, no entanto, o fio não importa

Conhecer o Decreto do Céu é um tipo de firmeza de espírito para lidar com o mundo externo.

mais para ele, uma vez que sua sabedoria interna e experiência se tornaram mais ricas e sólidas. E, quando esse homem se torna um espadachim famoso e exímio, e suas habilidades superaram as de todos os campeões que as outras escolas enviaram para vencê-lo, ele poderá até nem carregar espada alguma, apenas uma vareta. Para ele, o fio e a qualidade do metal não são mais importantes; tudo que decidir empunhar servirá. Quando alcançar o estado mais elevado de todos — o estado de Dugu Qiubai, o herói que procurou incansavelmente por um adversário à sua altura em combate —, não carregará arma alguma: toda a destreza nas artes marciais foi incorporada ao seu coração e à sua mente durante anos de estudo profundo, e ele pode criar a essência de uma espada apenas esticando as mãos. A essa altura, seus inimigos não terão estratégias ou estratagemas capazes de derrotá-lo, uma vez que ele já atingiu o estado em que não precisa de qualquer desses artifícios. Por abrir mão de estratégias ou estratagemas, o adversário fica confuso, incapaz de entender o que ele fez e de vencê-lo.

Na cultura chinesa, o estado mais elevado que qualquer pessoa pode atingir é o de maestria. O que Confúcio chamou "entender o Decreto do Céu" é alcançado por meio de anos de estudo e prática, ao absorver todos os tipos de verdades e, por meio delas, finalmente alcançar a harmonia e o autoaperfeiçoamento. E somente então você estará pronto para atingir o próximo estágio.

Uma vez que tenha um entendimento abrangente do Decreto do Céu e uma grande força interior, você atingirá o estado que Confúcio descreveu como ter um ouvido sintonizado. Você terá conseguido obter a maior capacidade possível de respeitar os outros, conseguirá entender o raciocínio por trás de qualquer questão, conseguirá ouvir todos os tipos de vozes com uma mente aberta e se colocar no lugar das outras pessoas, de modo a entender por que elas dizem o que dizem.

Confúcio disse: "Aos 60 anos, meus ouvidos foram sintonizados." Porém, o que isso significa? Como veremos, um "ouvido sintonizado" é a capacidade de ouvir qualquer palavra, não importa de que tipo seja, e de examinar qualquer questão, sempre procurando ver da perspectiva da pessoa que falou as palavras.

Contudo, na vida real, muitas vezes nos deparamos com algo que não evolui da forma que gostaríamos e ouvimos coisas desagradáveis. Como podemos de fato conseguir um ouvido sintonizado?

Há uma expressão chinesa popular que descreve isso e que pode ser traduzida, grosso modo, como "aflija-se pelo mundo e tenha piedade das pessoas". Em outras palavras, ao conhecer os motivos e desejos de todos, você alcançará compreensão e tolerância maiores.

Podemos ficar chocados quando vemos as formas de vida de ou-

> **Sintonizar o ouvido significa ter empatia com o mundo e com todas as pessoas nele, isto é, ter entendimento e tolerância.**

tras pessoas por nosso próprio sistema de valores; porém, se sabemos o que levou aquela pessoa ao lugar em que está hoje, então talvez possamos ser um pouco mais compreensivos.

Há um ditado antigo: "duas nuvens só podem se encontrar para produzir chuva quando estão na mesma altitude."

Portanto, quem são as pessoas que sintonizam os ouvidos? São aquelas que, com suas nuvens a 5 mil ou a 500 metros de altitude, estão sempre atentas ao lugar em que está a nuvem da outra pessoa. Essa é a forma como Confúcio lidou com todos os seus estudantes diferentes, talhando cada lição para satisfazer a cada um.

Aqueles que desejam alcançar um ouvido sintonizado devem tornar-se infinitamente abertos e expansivos; ser capazes de se encontrar com mentes em muitas altitudes diferentes; de não se ater a padrões rígidos e de permanecer teimosamente na mesma altura, como o homem na história popular que deixou cair sua espada do barco e fez uma marca na lateral da embarcação para que pudesse pescar a espada assim que chegasse à costa, ou o homem em outra história popular que, tendo uma vez conseguido pegar um coelho que se chocou contra uma árvore e desmaiou, passou dias sentado ao lado da mesma árvore, esperando por outro coelho.

Após absorver todo o conhecimento e ser forjado no fogo do refinador, todos os nossos estudos e trabalho árduo nos levarão a uma maestria genuína de nosso conhecimento.

É exatamente como um experimento de física comum nas escolas, em que o professor distribui um lápis e um círculo dividido em sete segmentos, os quais são coloridos com as sete cores do arco-íris. Em seguida, o círculo é perfurado com o lápis e girado velozmente até revelar a cor branca. Uma cor que é criada pela mistura das sete cores vivas do arco-íris.

Confúcio disse: "Aos 70 anos, segui o meu coração, sem passar dos limites." O que isso significa? Quando todas as regras e os princípios elevados se tornaram hábitos de vida, você será capaz de seguir os desejos de seu coração com sucesso. Esse é o estado mais elevado que qualquer indivíduo pode almejar. Porém, embora um estado como esse pareça ser fácil e acessível, uma pessoa deve, em primeiro lugar, ser fortalecida por mil golpes de martelo antes que possa alcançar esse estado.

O estado de "ouvido sintonizado" de Confúcio é a fusão das regras do mundo exterior com nosso coração espiritual. Somente quando você conseguir que esses elementos se combinem de modo a formar uma base para todo o restante, é que conseguirá alcançar o estado confuciano mais elevado.

Uma vez, li a seguinte história.

Havia uma imagem do Buda em um templo. Essa estátua fora primorosamente entalhada em granito, e todos os dias muitas pessoas vinham rezar na frente dela. Os degraus que conduziam até esse Buda foram feitos com o mesmo granito da estátua.

Finalmente, certo dia, esses degraus ficaram descontentes e protestaram, dizendo: "Começamos como irmãos, todos viemos do corpo da mesma montanha. O que dá a eles o direito de pisar em nós e reverenciar você? O que há de tão bom em você?"

A estátua de Buda disse calmamente para eles: "Isso ocorre porque são necessários apenas quatro golpes da faca para fazer o que você é hoje, mas eu precisei sofrer dez mil cortes e golpes antes que pudesse me tornar um Buda."

Olhando para o estado da vida humana que Confúcio descreveu, quanto mais progredimos na vida, mais ele enfatiza o coração espiritual e mais calmo e sereno deveríamos nos tornar, porém, antes que você possa atingir esse estado de calma, deve ser forjado e refeito centenas e milhares de vezes.

Devemos encarar o progresso da vida humana dos 15 aos 70 anos, descrito por Confúcio, como um espelho à nossa frente, no qual podemos nos examinar em etapas diferentes da vida. Por meio desse processo, seremos capazes de ver se nosso espírito tomou sua posição se começarmos a nos livrar de nossas dúvidas; se começarmos a entender as grandes verdades do mundo; se conseguirmos mostrar compreensão e compaixão com os defeitos dos outros; e se conseguirmos seguir os desejos de nosso coração. Se, aos 20 ou 30, conseguirmos alcançar, antes do previsto, o estado em que deveríamos estar aos 40 e 50; já tenhamos construído um sistema de valores claro e lúcido; já sejamos capazes de transformar as pressões da sociedade em uma força flexível que nos permitirá nos recuperarmos; e se formos capazes de alcançar uma busca calma e estável dos desejos de nosso coração sem passar dos limites... aí então poderemos dizer com segurança que temos uma vida verdadeiramente significativa.

Uma vez, cientistas realizaram o seguinte experimento:

Para obter a medida exata da resistência das abóboras comuns, foram colocados pesos em um grupo de abóboras, até o limite máximo do que cada um poderia suportar.

As abóboras diferentes suportavam pesos diferentes, mas uma abóbora específica ficou sob maior pressão. De umas poucas gramas em um dia a dezenas de gramas no dia seguinte, a centenas de gramas e finalmente a quilos. Quando essa abóbora amadureceu, havia um peso de várias centenas de quilos sobre ela.

Ao fim do experimento, os cientistas cortaram a abóbora e suas companheiras para ver se havia algo incomum nelas.

As outras abóboras abriram com facilidade ao primeiro golpe da faca, mas as facas não penetravam essa abóbora e, no fim, ela precisou ser aberta com uma motosserra. Sua carne estava tão dura quanto a madeira de uma árvore madura!

Que experimento é esse? É um experimento de vida, um retrato de nós todos no ambiente moderno em que vivemos e da força flexível de nossos corações.

Confrontados com a competição e a pressão de hoje em dia, qual a razão para não amadurecermos antes do tempo? As palavras do poema do presidente Mao, "Aproveite cada momento, pois 10 mil anos é tempo demais", não poderiam ser mais apropriadas hoje. Se 10 mil anos é tempo demais, então 70 também são.

O estudo de *Os analectos*, de quaisquer dos grandes clássicos e de todas as experiências dos sábios antigos, tem apenas um objetivo essencial: tornar nossa vida mais significativa sob o brilho de sua sabedoria para encurtar a estrada que precisamos trilhar, para nos fazer começar a sentir e pensar o mais cedo possível como um *junzi*, cheio de benevolência e bondade, para sermos capazes de viver de acordo como os padrões de justiça social de um *junzi*, de nos erguer com orgulho e de sermos fiéis ao nosso coração espiritual e às nossas obrigações sociais e profissionais.

Somente com a construção de um sistema de valores para o coração é que podemos mudar a pressão em flexibilidade e voltar atrás.

Acredito que o mais importante nos sábios é a forma como descrevem a grande jornada da vida humana em linguagem simples, e como os filhos, netos e descendentes remotos deles colocam esses ensinamentos em prática, geração após geração, sem sabê-lo ou intencionalmente, na dor e na alegria. Assim foi formada a alma de uma nação.

Esteja onde estivermos, podemos deixar o poder espiritual dos clássicos antigos se fundir com nossas leis e regras contemporâneas, unindo-se perfeitamente para se tornarem um componente essencial de nossas vidas, para deixar cada um de nós construir para si mesmo uma vida verdadeiramente compensadora. Isso é certamente o significado maior de Confúcio em nossas vidas hoje.

Este livro foi composto na tipologia Adobe Garamond Pro,
em corpo 11,5/15,1, e impresso em papel offwhite 80g/m^2
no Sistema Cameron da Divisão Gráfica
da Distribuidora Record.